La légende de la danse

Ont collaboré à l'ouvrage :
Édition : Béatrice Gamba
Fabrication : Michel Moulins
Recherche iconographique : Frédéric Mazuy
Conception graphique : Rampazzo & associés
Mise en pages : Caroline Chambeau

L'auteur remercie tout particulièrement :
Damien Bachelot, Josseline Le Bourhis, Olivier Souabe,
Pascal Elliott-Bourasseau et l'ensemble des photographes,
ainsi que Delphine Storelli et son équipe.

ISBN : 2-0803-5609-9
Dépôt légal 1er tirage : novembre 1999

LA LÉGENDE DE LA DANSE

MARIE-CLAUDE PIETRAGALLA

Avec le concours de Frédéric Ramade

Flammarion

Sommaire

LE CORPS : FORME ET MOUVEMENT

*O*rganisme complexe, souple et résistant, le corps depuis l'aube des temps traduit le mouvement, à la fois moyen d'expression et d'action.

Art océanien, peinture sur écorce. Paris, musée des Arts d'Afrique et d'Océanie.

Personnage dansant. Chine, Ier-IIIe siècle ap. J.-C. Paris, musée Guimet.

AU COMMENCEMENT ÉTAIT LE CORPS

Il y a fort longtemps, nos lointains ancêtres savaient déjà coordonner leurs gestes en danses rituelles. Cette nécessité première a évolué siècle après siècle, au gré d'une lente genèse, pour s'exprimer aujourd'hui à travers de multiples formes.

Le corps est à l'origine du mouvement. Grâce aux muscles et à l'énergie qui l'animent, il peut esquisser un mouvement dans l'espace, réaliser une trajectoire, effectuer un déplacement. Avec ses multiples composantes, l'organisme humain n'est pas pour autant une machine au fonctionnement mécanique, il est avant

tout le reflet de celui qui l'habite, reflet de l'être humain ou de ce que certains nomment l'âme. L'interaction entre la chair et l'esprit est totale chez l'homme, et encore plus chez le danseur. Une émotion est aussi bien musculaire qu'intellectuelle ; notre enveloppe matérielle est le prolongement de notre pensée et réciproquement.

Le corps révèle les secrets de l'ombre pour peu qu'on sache le lire. Ainsi, ceux qui parlent le buste en avant auront une propension à prendre la vie de plein fouet et à aller vers les autres, alors qu'au contraire, une posture un peu rentrée marque une tendance à l'introversion. L'apparence physique parle d'elle-même, la façon de regarder, celle de tenir ses épaules, sa tête, son dos, de laisser transparaître un état de nervosité par un

Dans les postures de la vie quotidienne, même si elles sont maladroites, on rencontre parfois une beauté naturelle du geste ; le danseur va s'efforcer de la retrouver par la volonté et le travail. Atteindre à cette simplicité évidente du mouvement, au-delà des artifices et de la technique, est l'un des enjeux principaux de la danse.
Afrique du Sud, années soixante.

Les peintures et les costumes d'Oskar Schlemmer, peintre et chorégraphe du Bauhaus, accentuent la perception affective du corps. Pour lui, lever une main ou un doigt étaient des événements aussi importants que d'effectuer un saut. Ne cherchait-il pas, à travers sa quête de l'abstraction, à réduire les choses à « l'essentiel », à « l'élémentaire » ?
Oskar Schlemmer, *Scène à la balustrade*, 1932.
Stuttgart, Staatsgalerie.

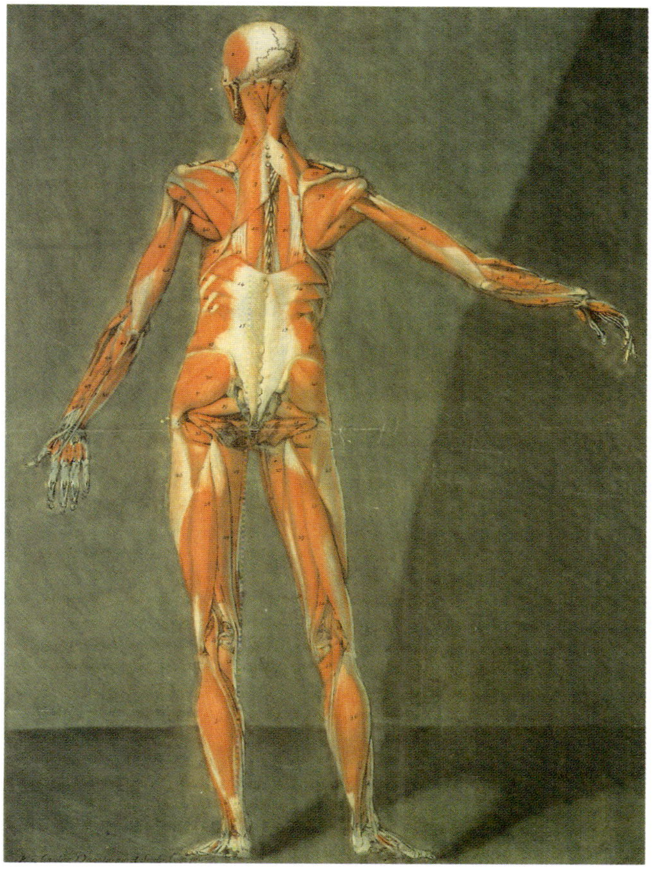

*R*epousser les limites de son corps, en augmentant sa résistance physique et sa souplesse, sont les défis quotidiens du danseur. Pour être efficace, ce travail doit être adapté à sa morphologie, dont le danseur sait accepter les spécificités, comme la taille, la forme des os, des articulations, la longueur des membres...
Auguste Rodin, *Mouvement de danse*, v. 1910. Paris, musée Rodin.
Arnauld Éloi Gautier d'Agoty, *Étude anatomique*, 1773. Coll. part.

tressaillement, ou encore un certain fatalisme par un balancement de bras. Mais je laisse aux psychologues le soin d'analyser ces traits de caractère, car le danseur et le chorégraphe ne cherchent pas tant à décrire l'âme humaine qu'à y puiser. C'est pourquoi il n'y a pas pour moi chez l'individu de défauts irrémédiables qui pourraient empêcher le mouvement de s'épanouir ; une gaucherie naturelle ou une cambrure prononcée, audelà de ce qu'elles dévoilent, pourront s'avérer des qualités pour peu que la chorégraphie les serve.

UNE DONNÉE PHYSIQUE

En revanche, il faut bien admettre que la morphologie du corps nous est imposée. On peut travailler tel ou tel trait de caractère associé à une posture, mais les exercices ne changeront rien à la taille, la forme du squelette ou la structure du visage. Si j'insiste sur ce point qui paraît relever d'une évidence, c'est qu'il implique pour tout individu un travail d'acceptation de son physique qui n'ira pas toujours sans mal. L'adolescence, âge critique s'il en est, avec les métamorphoses survenant dans l'organisme, engendre ainsi de nombreux rejets, plus encore marqués chez les filles que chez les garçons.

Chez le danseur, cette tâche difficile se révèle être une donnée vitale. Il doit comprendre et accepter son corps, sans quoi il ne pourra pas progresser. L'idée d'améliorer certaines capacités l'aide dans son entreprise, même s'il découvre rapidement ses limites. Par l'exercice, il peut gagner considérablement en souplesse, alors qu'il doit s'accommoder de sa taille et de ses proportions plus ou moins gracieuses. Le miroir est d'ailleurs bien là pour le lui rappeler.

Cependant, la perception de la morphologie évolue avec l'histoire. Elle est liée à des critères esthétiques hérités d'un patrimoine culturel. Il suffit pour s'en convaincre de reprendre les photos des ballerines célèbres du début du siècle. Les formes sont généreuses, les tailles variables, loin du canon de la danseuse très mince et élancée aujourd'hui communément accepté. Ce stéréotype a d'ailleurs été lui même malmené par l'arrivée des danseurs et chorégraphes « contemporains » comme Merce Cunningham ou Carolyn Carlson. Soudainement les gens ronds, les gens petits, les très grands ont trouvé leur place dans les spectacles de danse. À la sévérité codifiée du classique a succédé la liberté de la danse contemporaine. Liberté apparente, car appuyée sur un travail et un langage chorégraphiques précis qui ne sont pas nécessairement plus aisés. Simplement, les différences entre les individus ont été admises et exploitées, permettant à une nouvelle génération de danseurs d'accepter les caractères saillants de leur morphologie.

UNE EXPLORATION DIFFICILE

Lors du travail complexe qu'effectue à divers degrés chaque individu sur son corps, la perception du danseur est différente de celle du non-danseur. L'autocritique chez le premier est développée par une conscience aigüe et constante de ses capacités physiques. Lorsque le danseur s'observe dans le miroir, il ne cherche pas à flatter ce narcissisme qu'on veut lui attribuer, mais il scrute, il critique ce corps avec lequel il travaille. Le reflet ne renvoie pas une image complaisante. Il sert, au mieux, à vérifier un mouvement, il questionne et permet d'évoluer.

La perception de la morphologie des danseurs varie suivant les époques et les critères socio-culturels. Au début du XXe siècle, Isadora Duncan s'est insurgée contre le carcan, notamment vestimentaire, imposé aux danseuses classiques. Empruntant ses tenues vaporeuses et fluides aux Grecs antiques, elle a cherché à libérer les mouvements du corps. Son physique paraît aujourd'hui très éloigné de la représentation traditionnelle de la danseuse.
Valentine Hugo, *Isadora Duncan dansant*, v. 1913. Paris, coll. part.

La silhouette émaciée de la danseuse et chorégraphe Pina Bausch aurait été inconcevable au début de ce siècle. La danse contemporaine a permis à de nombreux danseurs de s'exprimer quelles que soient leurs particularités physiques. Au-delà des questions esthétiques ou morphologiques, les danseurs du Tanztheater de Wupperthal ont été réunis par la créatrice allemande en tenant compte de critères tels que l'expression, la force et la volonté.
Café Müller, chor. Pina Bausch, Festival d'Avignon, 1995.

Tilly Willis '90

Chez celui qui danse, le travail est double : accepter son corps et avoir la volonté permanente d'améliorer ses capacités naturelles.
Aussi, la perception de celui-ci par le danseur passe par la compréhension de fonctions vitales. Pour ne citer que quelques exemples simples, l'apprentissage de la danse va de pair avec la prise de conscience du rôle de la colonne vertébrale dans l'équilibre. La première chose demandée à un enfant pendant l'initiation aux positions classiques, que ce soit la « première » ou la « seconde », sur lesquelles je reviendrai, est de rechercher son équilibre. Ou tout au moins d'en donner l'illusion, ces positions étant tournées vers l'en-dehors, alors que l'homme a une tendance naturelle à placer ses pieds en parallèle. Plus les pieds s'ouvrent, plus l'équilibre se fait instable. Il faut donc trouver une sorte de fil à plomb intérieur qui permette de tenir la position.

La maîtrise du mouvement nécessite une découverte introspective du corps.
La perception de la colonne vertébrale est notamment une donnée essentielle dans la recherche de l'équilibre ; ce « fil à plomb » sert de point de repère au danseur.
Tilly Willis, *Femme marchant*, 1990. Coll. part.

Le premier enjeu des enfants qui apprennent à marcher est de parvenir à l'équilibre.
Ils répètent intuitivement les mêmes gestes maladroits avant de comprendre le mouvement juste. Pour le danseur débutant, le mécanisme est assez similaire : la compréhension du geste naît de l'expérience du corps.
Équateur, années cinquante.

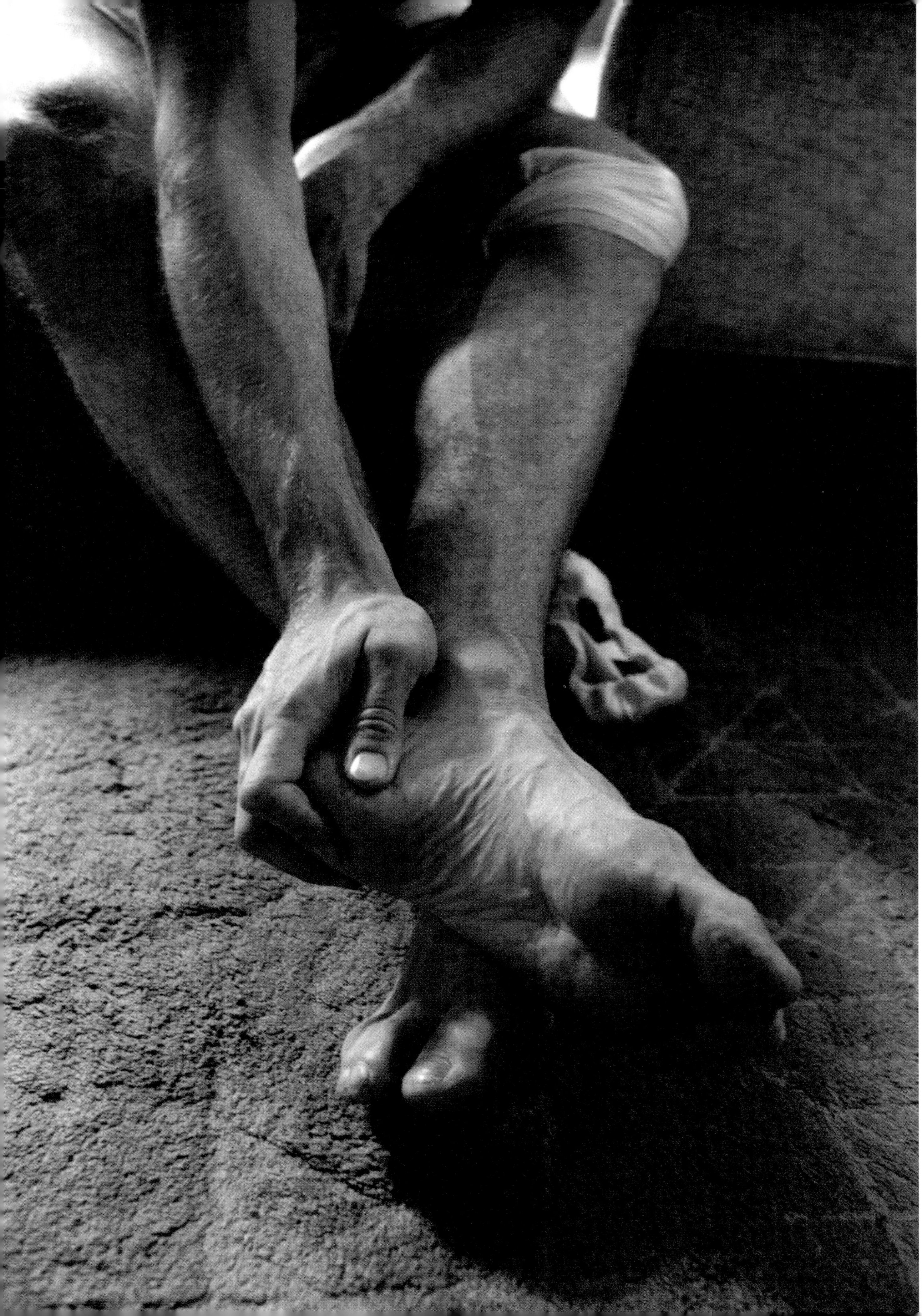

*C*haque journée de répétition est différente, car l'état de l'organisme varie selon l'alimentation, l'état psychique, la température extérieure, la fatigue. C'est pourquoi rien n'est jamais acquis dans la danse. Souple et malléable, le corps est aussi fragile. Trop sollicités, les muscles et les articulations souffrent. La scène conduit le danseur au-delà des limites de la douleur physique, mais de retour en coulisses, la souffrance réapparaît.
Patrick Bissell après une représentation de *Don Quichotte*, New York, 1987.
Attribué à Edgar Degas, *Ballerine*. Bucarest, Musée national d'art.

Bien sûr, le travail physique et l'exercice accompagnent ce cheminement introspectif. Un apprentissage quotidien, millimètre par millimètre, permet d'ouvrir le corps et de l'apprivoiser. Les sensations sont parfois infimes et la progression s'effectue par paliers. Il m'est arrivé de chercher pendant plusieurs mois une sensation autour d'une partie du corps, d'un muscle, d'une articulation qui n'arrivait pas à s'ouvrir, pour que tout à coup, par un déclic, une parole du professeur, un passage en vidéo, la compréhension surgisse. Ce qui ne voulait pas dire que j'éprouverais le lendemain la même sensation.

Car en danse, rien n'est jamais acquis définitivement. L'organisme du danseur réagit chaque jour de manière différente, selon son état d'esprit, la façon dont il a dormi ou mangé, la température. Le corps est sensible ; il est, de ce point de vue, comparable à la voix d'un chanteur. Dépendant de multiples paramètres, le travail connaît des aléas qui constituent par ailleurs un des atouts de la danse, art dont l'interprète ne peut se lasser tant il est sujet à perpétuelle remise en question.

Cette fragilité du corps et cette sollicitation permanente que lui impose le danseur ne vont évidemment pas sans poser problème. Aucun danseur ne peut se vanter de n'avoir jamais connu de soucis physiques au cours de sa carrière. Et malgré cela, il s'étonne chaque fois de pouvoir aller plus loin que ce qu'il imaginait. Car c'est une autre des facultés étonnantes du corps : reculer sans cesse les limites.

Au cours de cet effort, le danseur entretient un rapport singulier avec la souffrance. Il m'est arrivé à plusieurs reprises d'éprouver une douleur telle que je pouvais à peine marcher dans les coulisses. Je songeais même à annuler la représentation. Stimulée par l'attente du public et la volonté de ne pas décevoir, je rentrais néanmoins sur scène où la danse me happait ; je trouvais comme un deuxième souffle. La souffrance, bien qu'encore présente, s'effaçait progressivement, et les limites que je croyais connaître volaient en éclat. Bien sûr, de retour dans la loge, l'enchantement de la scène s'évanouissait, me laissant avec ma douleur. Là encore, un tel dépassement des limites physiques n'aurait pu se produire sans un travail préalable important, qui constitue notre « bagage », auquel vient s'ajouter cette galvanisation inexplicable, presque magique de la scène.

ACQUÉRIR UNE MÉTHODE

Pour exercer un travail sur son corps, il existe plusieurs méthodes, au sein desquelles trois grands courants prédominent.

Le premier d'entre eux relève des domaines sensitifs et sensoriels. Une des méthodes les plus connues en la

Émile Jaques-Dalcroze (1865-1950), dont les théories sur le mouvement influencèrent de nombreux chorégraphes au début du siècle, cherchait en premier lieu à donner une éducation rythmique à ses élèves, afin qu'ils trouvent une osmose entre leurs émotions et leurs mouvements.
Hans Lindloff, *Caricature d'Émile Jaques-Dalcroze*, 1912.

*L*a perception du corps en mouvement requiert des méthodes faisant intervenir les domaines sensitifs et sensoriels ou des capacités d'abstraction, de représentation et de concentration. Un même mouvement de pied (ici, celui de Marie-Claude Pietragalla) peut être perçu comme l'expression d'une sensation, l'effet d'un mécanisme anatomique, ou encore la mise en forme d'une pensée.

matière est l'Eutonie, de Gerda Alexander, créée en 1957 sur les principes de Dalcroze et Delsarte, pour les danseurs du Ballet royal du Canada. Cette technique pédagogique permet aux danseurs d'affirmer leur personnalité et d'en libérer l'expression. L'apprentissage passe par des exercices mettant l'accent sur les sensations du danseur comme, par exemple, travailler un mouvement de genou de façon minimale afin d'en comprendre la connexion avec le reste du corps. Gerda Alexander résume parfaitement l'apport de sa méthode : « Ce qui fait d'un danseur un artiste, c'est non pas la flexibilité musculaire seule, qu'un gymnaste peut présenter également, mais son corps vivant, vécu dans toutes ses parties en unité[1]. »

Le deuxième courant utilise l'analyse. La kinésiologie en fait partie. Elle aide le danseur à se faire une juste représentation de son corps par le biais de l'anatomie fonctionnelle. Là encore, l'observation de certains mouvements va permettre l'apprentissage de la connaissance de son corps, avant de recourir à l'imagination pour se créer une image mentale raisonnée.

Le troisième courant est fondé sur une démarche beaucoup plus intuitive. Il s'agit de rechercher le mouvement juste, intégré comme une pensée en action. Les méthodes relevant de ce courant peuvent être rapprochées des techniques des arts martiaux.

De ces trois courants, aucun ne prévaut réellement. Il appartient à chaque danseur, en fonction de sa personnalité, de se forger sa propre méthode. Mes inclinations personnelles me portent plus volontiers vers la recherche d'un mouvement pur, et les sensations que j'ai de mon corps se traduisent en termes d'énergie, de respiration, de sentiment, d'émotion et de décontraction dans le mouvement.

Par leur recherche du mouvement juste, intégré comme une pensée en action, les techniques des arts martiaux se rapprochent de la danse.
Hokusai, *Exercices au gymnase*. Paris, coll. part.

Double page suivante :
Dans le même temps qu'il apprend à connaître son corps, le danseur le fabrique.
Le chorégraphe américain Alwin Nikolaïs considère le corps comme « une forme qui peut se modeler [...] Le danseur doit aussi être sculpteur. Toutes les formes sculpturales doivent être apprises. »
Le miroir est le premier pas dans l'apprentissage du mouvement. Son reflet aide à corriger le geste, mais le danseur doit savoir s'en détacher pour trouver la structure du mouvement en lui-même.
Salle de répétition du Bolchoï, Moscou.
Dame Laura Knight, *Lopokova dans une robe blanche* ou *La danseuse classique*. Le Cap, South African National Gallery.

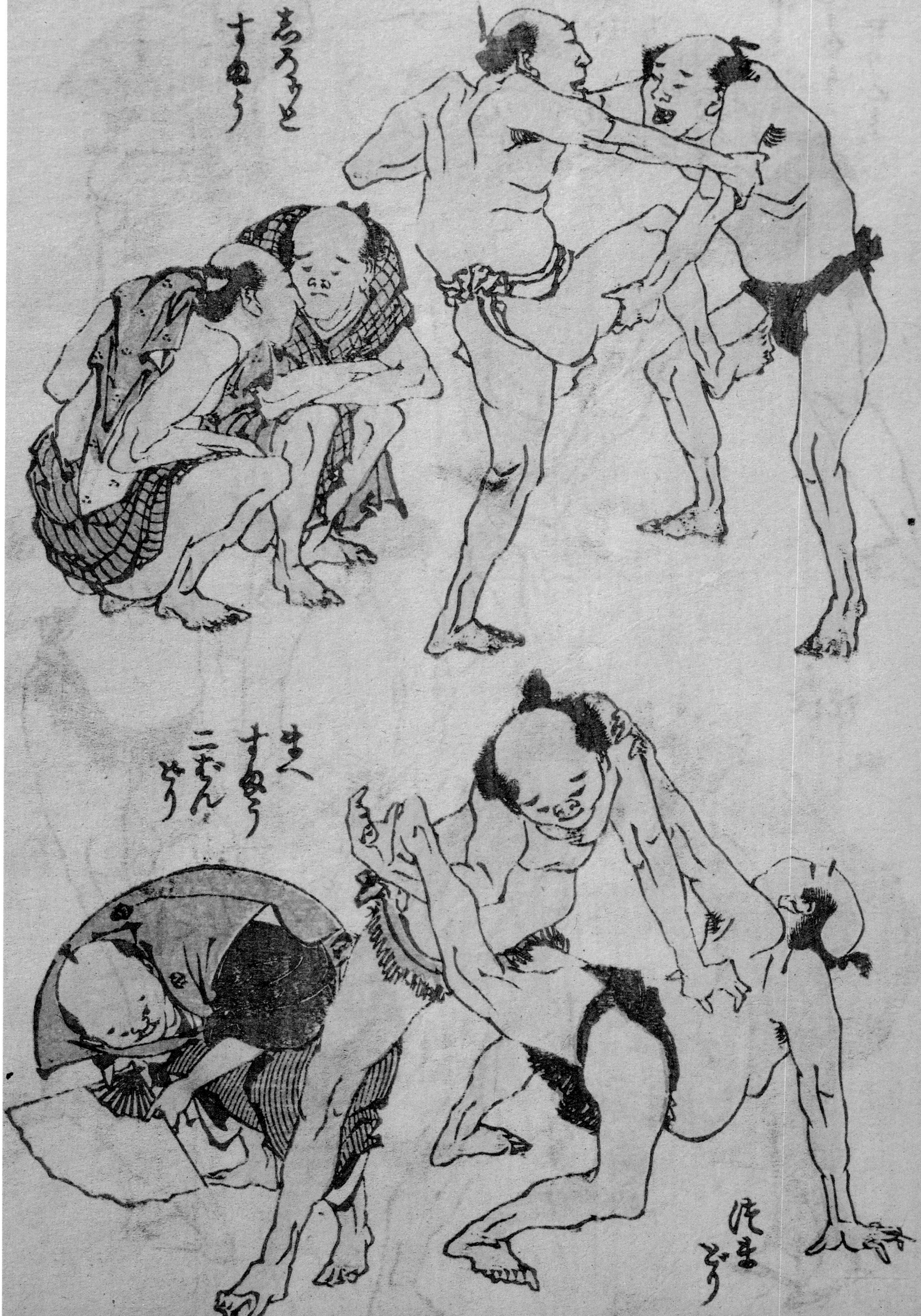
志ろうとすまう
生すまう二ぜんどり

Un corps indissociable du mouvement

Bouger est la première façon de s'exprimer ; il suffit de regarder le jeune enfant pour s'en convaincre.

Pour le danseur, le mouvement est à la fois un objectif à atteindre et une clé d'investigation. Le miroir est le premier soutien de l'exercice, même si certains professeurs en danse contemporaine ne l'utilisent pas. En surveillant son reflet dans la glace, le danseur mesure l'effet de ses gestes pour les corriger et les perfectionner. La salle de danse immortalisée par Degas est une cage aux reflets où le regard embrasse sans cesse les gestes du danseur.

Mais, pour comprendre ses gestes et ses déplacements, le danseur doit aller au-delà de la surface plate du miroir, se construire une représentation mentale, trouver ce que j'appelle l'« œil intérieur ». Cet « œil » lui permet de conduire son mouvement sans être prisonnier de son reflet. Car il faut toujours garder présent à l'esprit que la technique n'est qu'un outil, et jamais une fin en soi. Un geste appris la veille, s'il n'est pas animé par cette vie intérieure, reste figé. L'« œil intérieur » constitue l'essence du mouvement, qui doit anticiper son exécution formelle. « Le fond vient avant la forme », répète-t-on inlassablement. Dès lors qu'il en a acquis le sens, le danseur peut exprimer le mouvement, de façons diverses d'ailleurs selon la situation dans laquelle il le répète. S'il ferme les yeux, il éprouvera une sensation particulière : si un bras et une jambe sont placés en parallèle, le bras aura tendance à se tendre vers le haut par exemple, mais si le mouvement est mentalement possédé, cette variation aura peu d'importance car l'écart entre la jambe et le bras restera constant quelle que soit la hauteur de la jambe. L'essentiel est d'imprimer le mouvement dans le corps : en faisant appel à cette sensation mémorisée, le mouvement peut alors se dérouler. L'image mentale évite au danseur de reproduire machinalement les enchaînements lorsqu'il parvient sur scène, en lui octroyant une marge de liberté : l'assurance de maîtriser son geste de l'intérieur, l'intelligence du corps. Avec l'expérience, le professionnel acquiert progressivement l'« œil intérieur ».

La vérité du mouvement

La recherche du geste pur peut être rapprochée de la pratique des arts martiaux où, dans le cadre d'un travail mental, la précision du mouvement en conditionne l'impact. De plus en plus de chorégraphes

Comme dans les religions asiatiques, la danse concerne à la fois le corps et l'esprit. Le danseur doit développer une image mentale du mouvement et trouver un « œil intérieur » qui l'aidera à distinguer le fond et la forme du geste, afin que l'idée précède le mouvement. *Le Mahakali Shridevi au Troisième œil*, XIXe siècle (?). Durham University, Oriental Museum.

Le jardin zen illustre l'épure et le dépouillement du geste juste. Devant l'immobilité du jardin zen, on retrouve la sensation éprouvée sur scène lorsque l'on est immobile. Matisse avait, à propos de la station immobile dans la danse, une phrase très belle : « La statique ne fait pas obstacle au sentiment de mouvement. C'est un mouvement placé à un degré d'élévation qui n'entraîne pas les muscles des spectateurs, mais seulement leur esprit. » Jardin zen, Huntington Park, Los Angeles.

utilisent ces techniques pour développer chez les danseurs la part psychologique dans la pratique de leur art et leur permettre d'assimiler le geste vrai. Le travail que j'ai effectué avec le chorégraphe néoclassique américain Jerome Robbins s'inscrit dans cette voie. Il conduit l'interprète vers une épure du geste, une simplicité qui donne au langage chorégraphique toute son intensité. La maturité mentale du danseur apparaît tardivement au terme de l'exploration obligatoire de ses capacités physiques. Le jeune danseur donne énormément, il cherche la performance, il « saute dans tous les sens », pour employer une image. Puis il s'aperçoit que, même si l'exploit technique et l'énergie sont importants, l'essentiel se joue au-delà, vers le dépouillement du geste. Il comprend qu'il doit s'atteler à une autre tâche, chercher une vérité, un naturel qui pourrait être

*P*arvenir à la quintessence du geste demande une concentration et une maîtrise de la respiration qui rappellent celles de l'archer. Comme ce dernier, le danseur fait alterner, dans un laps de temps très court, une tension et un relâchement, afin de libérer l'énergie nécessaire au mouvement.
M.-C. Pietragalla et L. Hilaire, *In the Middle, Somewhat Elevated*, chor. William Forsythe, Opéra Garnier, 1991.
À droite, archer mongol.

celui du passant dans la rue. En travaillant avec Jerome Robbins, j'ai découvert à quel point l'acuité du langage passait non pas par l'accumulation des gestes mais par leur authenticité.

L'immobilité est une expérience passionnante car elle illustre la tendance radicale de cette démarche. Il faut bien comprendre qu'il est très difficile de ne pas bouger du tout. Pourtant, par une parfaite maîtrise de la respiration, par un effort de concentration, le danseur peut imposer l'immobilité à son corps tout en s'exprimant. L'immobilité est à la danse ce que le silence est au théâtre. Mal employée, ou introduite de manière fortuite, c'est une faute de langage ; exploitée habilement, elle crée une attente psychologique d'une infinie

richesse. Bob Wilson utilise beaucoup la lenteur et la démultiplication du mouvement. Peintre et remarquable penseur d'espace, ce metteur en scène américain touche dans sa quête du minimalisme à l'essentiel de la danse, même lorsque ses acteurs sont à l'arrêt. Il expose avec peut-être plus d'évidence que d'autres ce phénomène tout à fait particulier que j'appelle la « vérité » du mouvement, pour reprendre une expression de Martha Graham.

Mais, aussi curieux que cela puisse paraître, la conscience tant recherchée du mouvement est fugace. Tout se passe en fait comme si l'on était conscient du mouvement à effectuer tant qu'on ne l'a pas trouvé. C'est la recherche du mouvement qui nous donne conscience de ce qu'il est, et nous permet de l'assimiler. Lorsqu'on pense avoir trouvé le geste pur, au moment de l'exécution, la conscience échappe en partie. Sans doute parce que plus que de vouloir comprendre le mouvement, on essaie de le vivre, de le faire vivre. La parole est laissée au corps, comme si le cerveau ne commandait plus, comme si la pensée devenait superflue, la technique oubliée.

Notre perception du corps est influencée par les regards auxquels nous sommes confrontés. L'autre, celui qui nous observe, nous renvoie une image qui, contrairement à celle du miroir, possède une forte charge émotionnelle.
John Kirby, *Secret Lives*, 1988.
Coll. part.

LA RENCONTRE AVEC L'AUTRE

La confrontation avec l'autre danseur constitue une étape déterminante dans la prise de conscience progressive du mouvement. Car le rapport avec son corps est aussi un rapport avec le corps des autres. Le regard d'autrui nous influence dès notre plus jeune âge et façonne notre propre perception. On se forge une première idée de son corps par comparaison avec celui des autres. Pour reprendre l'exemple

de l'adolescence, ce sont bien souvent les autres qui, par le regard qu'ils posent sur nous, nous font prendre conscience des transformations de notre corps.

L'autre danseur est le premier regard extérieur auquel l'interprète se trouve confronté. Il agit un peu comme un deuxième miroir, à cette différence près qu'il est plus critique. L'œil de l'autre s'ajoute au propre jugement du danseur, créant parfois un climat difficile. Cette confrontation délicate se complique quand il faut danser ensemble et se fondre dans un mouvement commun.

La rencontre avec l'autre, et en particulier avec l'autre sexe, soulève évidemment la question de la séduction. On ne peut observer un geste d'une façon purement technique. Il y a toujours une part d'attirance qui influence notre jugement et le rend plus complexe mais aussi plus touchant que dans une simple appréciation « mécanique ».

La danse, dans le domaine si riche du désir, n'exacerbe rien. Les codes de séduction sont utilisés comme des moteurs pour le mouvement, la façon de

se tenir, celle de regarder l'autre, ou de bouger autour de lui, mais toujours en relation avec un personnage, un rôle, ou une intention précise du chorégraphe. La séduction du corps seul n'existe pas pour le danseur lorsqu'il est sur scène – comme pour le comédien –, ce serait intenable. Ce qui n'empêche pas un interprète de pouvoir dire qu'il aime son partenaire, de déployer tous ses charmes pour le séduire, mais toujours dans le dessein précis de la danse et de sa représentation.

*L*a séduction et le désir, toujours à l'œuvre dans les rapports humains, trouvent dans la danse un terrain d'expression privilégié. Dans le tango, la plupart des codes de la séduction sont traduits par des clés gestuelles précises. Mais le danseur s'en tient à la représentation, même lorsque les images qu'il donne à voir sont très sensuelles. Le recours à la grammaire du désir n'a jamais d'autre fin que de servir le personnage ou la chorégraphie.
M.-C. Pietragalla et N. Le Riche, *Giselle*, chor. Mats Ek, Opéra Garnier, 1997.
Tango argentino, Théâtre de Vienne, 1989.

Du singulier au pluriel

L'étape suivante dans l'apprentissage du mouvement, et par conséquent de la danse, est le rapport que le danseur entretient non plus avec un seul individu, sorte d'alter ego, mais avec un groupe complet. Dans l'apprentissage classique de la danse, le danseur fait partie intégrante du groupe, appelé corps de ballet[2], avant d'exister pour lui-même.

Dans la danse, le groupe est important. Il porte, galvanise, permet une multitude d'échanges. Il va même dans certains cas jusqu'à estomper la présence du public, voire le faire disparaître, comme si la scène était fermée par un quatrième mur. Au sein du groupe, le danseur semble le maillon d'une chaîne qui élargit son champ de possibilités. Il s'agit d'une véritable communion, si rare d'habitude entre les individus, provoquée par le geste, les émotions, sans le secours ni les mensonges de la parole. C'est une expérience exceptionelle

La danse exprime un sentiment universel de partage. Maurice Béjart, dans son *Sacre du printemps*, est parvenu avec force et maîtrise à restituer ce sentiment archaïque de la communion du groupe, où les singularités s'effacent au profit de l'œuvre collective.
Le Sacre du printemps, chor. Maurice Béjart, Palais des Congrès, 1988.

que de s'oublier et de pouvoir se mettre au service d'un groupe, de partager un sentiment, de construire ensemble, dans l'égalité et le respect de l'autre. La puissance de cette sensation est démultipliée par la scène.
Le Sacre du printemps, créé par Nijinski sur une musique d'Igor Stravinski, illustre avec force la notion de groupe. Cette pièce a inspiré de nombreux chorégraphes, notamment Maurice Béjart. Pina Bausch quant à elle en a présenté une version très contemporaine et violente : délaissant les costumes d'inspiration russe, la chorégraphe fait évoluer ses danseurs sur une scène recouverte de terre, exacerbe l'opposition entre les hommes et les femmes et pousse à son comble l'intensité dramatique. Je retiendrai aussi le récent ballet de Maryse Delente, exclusivement féminin. À la fin du rituel, au moment où seules quelques danseuses sont encore présentes, la connivence et le sentiment de communauté entre elles est incroyable. Des relations intimes se nouent là, sous les yeux du public, dans une parfaite osmose. Les découvertes et les enseignements à tirer de ce genre d'expérience sont énormes.
Dans la communion du groupe, comme dans la transe, les interprètes vivent l'instant présent, tous repères temporels abolis. Après ces instants de grâce, comme dans les rites sacrés, la sensation d'avoir touché l'absolu se dissipe, le calme revient, tout s'apaise.
Cette communion rejoint un besoin archaïque et universel. La danse, dans son expression la plus simple, relève depuis les origines de l'humanité d'une quête de partage à travers des gestes répétés et rythmés. Cette expression populaire et spontanée, qu'elle soit païenne ou religieuse, prend aujourd'hui diverses formes : les farandoles de la Saint-Jean ou les grandes réunions techno rejoignent ces pratiques anciennes, chacune à

Plus immédiatement que la parole, la danse institue un contact direct avec les autres et un partage qui s'inscrit à la fois dans l'espace et le temps.

Peter Davidson, *The Dance*, 1985.

leur manière. Sous d'autres cieux, comme en Afrique, des danses de village collectives ponctuent de nombreux événements : enterrements, naissances, mariages.

L'ÉMERGENCE DE LA DANSE EN TANT QUE PRATIQUE

Expression personnelle ou communion de groupe, la danse, pour nécessaire qu'elle soit, n'en est pas pour autant innée. Passer de la nécessité du geste à la maîtrise de la danse, décider d'orchestrer son mouvement, c'est exprimer un désir de partage, de communication, voire, comme nous l'avons abordé précédemment, de communion. Le danseur s'exprime par son corps, et par le don qu'il en fait à l'autre.
Dans mon cas, la nécessité de danser relevait de l'évidence : c'était pour moi, enfant plutôt timide, la façon la plus pertinente de communiquer avec les autres. À travers la danse, j'ai pu exprimer des choses que je ne parvenais pas à dire, j'ai trouvé un contact direct avec

La danse prend de multiples formes, de la fête villageoise jusqu'aux transes des rites vaudou. À travers ses différents avatars, les modes d'expression varient, du plus sage au plus débridé.
Pablo Picasso, *La Danse villageoise*, 1921-1922. Paris, musée Picasso.
Festival vaudou, Ouidah, Bénin, 1993.

Munch

ceux qui m'entouraient. J'ai toujours ressenti la danse comme une forme de langage plus directe que la parole. Plus vraie aussi, dans le sens où le mouvement ne permet pas de cacher quoi que ce soit, ni de tricher. Par ailleurs, alors que j'ai songé un moment m'orienter vers les arts martiaux qui allient eux aussi technique, sportivité et spiritualité et permettent un autre rapport avec son entourage, j'ai choisi la danse pour le travail de composition et de jeu. La création des personnages et la part de comédie omniprésents dans la danse m'ont toujours fascinée. Sans doute parce qu'ils permettent vraiment d'imprimer une émotion et de toucher le spectateur. Le plaisir de la scène, des planches, est venu ensuite, même s'il a aussi beaucoup compté.

Mais si l'on peut chercher à décrypter après coup les raisons qui poussent un interprète à s'engager dans l'art chorégraphique, raisons qui pourraient prendre, dans certains cas, une connotation thérapeutique, je pense qu'il est impossible d'envisager ce métier sans une passion immense, dont les origines restent obscures mais qui s'impose à beaucoup comme une évidence.

Pour un enfant timide, la danse offre un inestimable moyen de communication avec les autres, sans mensonges ni faux-semblants. Mais on ne peut réduire la passion qui anime le danseur à une simple nécessité thérapeutique : une part d'inconnu demeure toujours pour lui sur les motivations qui le poussent à choisir la danse.
Edvard Munch, *Puberté*, 1895.
Oslo, Nasjonalgalleriet.

Une deuxième vie

Seulement, si on décide d'apprendre à danser, le plus souvent lorsqu'on est enfant, et qu'il s'agit de danse classique, on passe par un apprentissage complet du mouvement. Durant cette initiation, on doit redécouvrir son corps, comme si les efforts terribles de la petite enfance, le passage de quatre pattes à deux pieds, l'acquisition de l'équilibre, avaient été vains et qu'une énorme part d'inconnu demeurait encore tapie dans l'ombre. On éprouve des sensations qu'on n'avait jamais eues jusque-là et le sentiment d'apprendre à marcher une seconde fois.

Deuxième naissance, la danse augure aussi d'une seconde vie qui s'accompagne d'une perte troublante, celle d'une certaine spontanéité, cette gaucherie du non-danseur qui frise parfois la maladresse, mais qui garde une énergie première intacte. Une énergie que l'interprète devra s'efforcer ensuite de retrouver par-delà la technique tout au long des étapes de sa carrière.

1 - Benoît Lesage, « Sensation, analyse et intuition : les techniques de conscience du corps » in *Danse, le corps en jeu*, PUF, 1992.
2 - Soit pour reprendre les termes et les échelons de l'Opéra de Paris : quadrille, coryphée, sujet, première danseuse, et enfin étoile.

La danse classique demande aux danseurs une rigueur et une maîtrise exceptionnelles. En France, l'Opéra de Paris est l'héritier des traditions instaurées depuis Louis XIV. Danseurs et danseuses (illustration ci-contre) entrent très jeunes dans la vénérable maison et sont soumis à un apprentissage difficile.

La codification des mouvements dépend de facteurs culturels qui accordent une importance relative aux positions « naturelles » du corps. Si les postures de ces danseuses égyptiennes nous semblent étranges, le placement « en-dehors » indissociable de notre tradition classique depuis le XVIIe siècle peut aussi paraître contre nature à un danseur débutant. Paradoxalement, la position cassée des deux danseuses antiques évoque certains mouvements chorégraphiques contemporains.
Bas-relief, Karnak, v. 1350 av. J.-C. Karnak, centre franco-égyptien.

UTILISER LE CORPS ET DANSER

DES POSITIONS

Pour danser, l'individu doit faire l'apprentissage d'un ensemble de règles. En danse classique, qui reste la plus enseignée, celles-ci sont fondées sur ce qu'on appelle l'« en-dehors », c'est-à-dire le placement en dehors des hanches et des membres inférieurs. Cette position, qui peut paraître contre nature, a été adoptée au XVIIe siècle pour assurer un certain aplomb et une harmonie dans la ligne et le maintien. Son élaboration est aussi liée à la vision en perspective qu'offre le théâtre à l'italienne (tous les placements convergent vers le point de fuite central).

Les positions de base de la danse classique sont au nombre de cinq et précisent l'emplacement des pieds. Elles furent établies au moment de la fondation par Louis XIV de l'Académie royale de danse de Paris (l'ancêtre de l'Opéra de Paris). Adepte de la danse, le roi Soleil, interprète distingué dès l'âge de quinze ans dans le *Ballet de la nuit*, entendait fixer avec la création de cette institution les règles du « noble art » pour éviter qu'il ne se galvaude, comme en attestent les lettres enregistrées par le Parlement le 30 mars 1662 :

« Louis par la grâce de Dieu, Roy de France et de Navarre : À tous présents & à venir, salut.

« Bien que l'Art de la Danse ait toujours été reconnu l'un des plus honnestes & plus nécessaires à former le corps & à lui donner les premières & plus naturelles dispositions à toute sorte d'exercice, & entr'autres à ceux des armes, et par conséquent l'un des plus avantageux & plus utiles à notre Noblesse, & autres qui ont l'honneur de nous approcher, non seulement en temps de Guerre dans nos armées, mais même en temps de Paix dans le divertissement de nos Ballets ; néanmoins il s'est pendant les désordres & la confusion des dernières guerres, introduit dans ledit Art, comme en tous les autres, un si grand nombre d'abus capables de les porter à leur ruine irreparable, que plusieurs personnes, pour ignorans et inhabiles qu'ils ayent été en cet Art de la Danse, se sont ingérés de la montrer publiquement, en sorte qu'il y a lieu de s'étonner que le petit nombre de ceux qui se sont trouvés capables de l'enseigner, ayant par leur étude & par leur application si longtems resisté aux essentiels défauts, dont le nombre infini des ignorans ont tâché de la défigurer & de la corrompre en la personne de la plus grande partie des gens de qualité : ce qui fait que Nous en soyons

1re 2me

Les cinq positions qui précisent le placement des pieds dans le répertoire classique ont été formulées par Beauchamp, maître à danser de Louis XIV, lors de la fondation en 1661 de l'Académie royale de danse de Paris.
Les pieds devaient présenter une ouverture à 90° vers l'extérieur, « en dehors ». La radicalisation des positions à 180° au XIXe siècle rendit l'équilibre plus précaire et l'apprentissage plus délicat encore.
Les cinq positions de la danse, in Albert, *L'Art de danser à la ville et à la cour*, 1834.

peu dans notre cour & suite, capables & en état d'entrer dans nos Ballets & autres semblables divertissements de Danse, quelque dessein que Nous eussions de les y appeler. À quoi étant nécessaire de pourvoir, & désirant rétablir ledit Art dans sa Première perfection, & l'augmenter autant que se faire pourra : Nous avons jugé à propos d'établir dans notre bonne ville de Paris une Académie Royale de Danse, à l'exemple de celles de peinture & sculpture, composée de treize des anciens & plus expérimentés au fait dudit Art, pour faire par eux en tel lieu & maison qu'ils voudront choisir dans ladite ville, l'exercice de toutes sortes de Danse, suivant les status & reglements que nous avons fait dresser en nombre de douze principaux articles… »

Fixées par le maître à danser du roi, Pierre Charles-Louis Beauchamp, les cinq positions déterminent les placements de pieds suivants :

- en première, les talons doivent être l'un contre l'autre, et les pieds ouverts de façon à former un angle de 90° ;
- en seconde, l'ouverture des pieds ne varie pas mais les talons sont écartés l'un de l'autre, la distance entre eux équivalant à la longueur d'un pied ;
- en troisième, l'angle reste le même, et le talon d'un des deux pieds vient s'emboîter dans la cheville du deuxième, en avant de celui-ci ;
- en quatrième, la position est identique à la troisième à cette différence que les talons sont placés l'un devant l'autre, distants d'une longueur de pied ;
- en cinquième, les pieds sont croisés, la pointe d'un des deux pieds touche le talon de l'autre ; les deux pieds forment toujours un angle droit.

Au début du XIXe siècle, ces positions ont évolué vers un en-dehors encore plus radical. Au lieu de s'écarter à 90°, les pieds s'ouvrirent à 180°, se plaçant donc dans

le prolongement l'un de l'autre. Serge Lifar a introduit dans les années quarante une sixième position – les pieds l'un contre l'autre en parallèle – et une septième – un pied en avant de l'autre, toujours en parallèle (jambes pliées sans ouvrir les genoux).

ÉCHAUFFER LE CORPS

Comme un chanteur fait des gammes, le danseur s'entraîne quotidiennement. Les étapes suivies chaque jour par le professionnel reproduisent celles apprises durant ses années d'étude.

Les cours commencent en général par un échauffement progressif à la barre, du bas du corps vers le haut. Mais on peut aussi pratiquer des exercices au sol (par exemple avec la technique mise au point par Boris Kniaseff dans les années quarante). Cela permet d'articuler le corps en utilisant moins d'énergie et de masse musculaire, puisque lorsqu'on est allongé le poids du corps ne porte pas.

À la barre, l'échauffement des articulations se poursuit avec les petits dégagés. On assouplit doucement le pied, la voûte plantaire, la cheville, les tendons. Ensuite, les grands pliés échauffent les articulations des genoux, des hanches et du dos. La progression doit être lente, de façon à ne pas brusquer le corps. Plus celui-ci est chaud, plus il est facile d'acquérir de la souplesse et d'effectuer des mouvements de grande amplitude.

Même si leurs techniques diffèrent de l'enseignement classique, les chorégraphes contemporains comme Trisha Brown (à gauche) ont aussi recours à un travail de préparation du corps, notamment au sol, avant les enchaînements qui seront effectués au « milieu » du studio de répétition.
Les exercices commencent par le bas du corps pour remonter vers le buste et les bras.
À mesure que l'on avance dans l'échauffement, les mouvements gagnent en amplitude, des petits dégagés jusqu'aux grands battements.
Cours de la Trisha Brown Company, 1995.
Ci-contre : École de danse du Bolchoï, Moscou.

Avant d'entrer dans la danse, le corps est progressivement échauffé par une série de mouvements établis, passage obligé pour chaque danseur, quel que soit son niveau. À mesure qu'il acquiert de l'expérience, le danseur gagne en souplesse, en ampleur et en virtuosité, mais ne se dispense pas pour autant des exercices des débutants. La vie de l'interprète est un long apprentissage où la technique cède peu à peu le pas à la quête artistique et spirituelle.
Cours à l'American Ballet Theatre. Devant : Susan Jaffe, Leslie Browne, Mikhail Baryshnikov, 1987.

Suivent des dégagés plus lents, au sol puis en l'air, et des changements de poids du corps où l'on passe d'une jambe sur l'autre. Viennent enfin les ronds de jambe qui achèvent d'échauffer l'articulation des hanches.
L'étape suivante consiste en des exercices de rapidité qui deviennent très utiles lorsqu'on abandonne la barre pour le « milieu » – le centre du studio de répétition, qui préfigure la scène. Ces exercices préparent notamment aux enchaînements : pirouettes, adage, petite batterie, grands sauts, tours en l'air, manèges ou pointes. La barre sert donc à la fois à échauffer le corps et à

retrouver la précision des positions pour faciliter l'exécution des enchaînements qui seront développés en solo ou dans le travail d'adage avec les partenaires, à la recherche du mouvement idéal.

Les exercices constituent une véritable hygiène du danseur. Chaque matin, le professionnel s'efforce de revenir sur ses acquis techniques, de travailler son corps pour qu'il puisse être pleinement utilisé par le chorégraphe. Il cherche aussi à retrouver le « fil à plomb » qui le tient au moment d'entrer en scène ; car si celle-ci est séduisante et source d'une grande liberté, elle peut aussi être destructrice. À force de fréquenter la scène, le danseur finit par ressentir le besoin de reprendre un travail de fond, comme pour se ressourcer. Au fil des années, le professionnel de la danse acquiert une expérience et une souplesse, tout en adaptant son travail à son âge et à sa morphologie. Le danseur vit là un paradoxe tout à fait spécifique : à mesure qu'il acquiert dans son travail une certaine maturité, son outil, le corps, s'érode progressivement, le privant peu à peu de certaines possibilités. L'apogée d'un interprète dure donc peu de temps, contrairement à d'autres domaines artistiques, comme la peinture ou la musique, où les années qui passent émoussent peu les facultés de l'artiste.

De ce point de vue, l'adaptation de l'enseignement aux spécificités du danseur a beaucoup progressé. On cherche dorénavant à respecter le rythme et les capacités de chacun, ce qui n'était pas encore le cas lorsque j'ai débuté. Je me souviens très bien qu'enfant, on m'appuyait sur les jambes pour augmenter leur ouverture ou on me tirait sur les pieds. Même si, dans mon cas, cet enseignement « à la dure » a pu porter ses fruits, je pense qu'il est aujourd'hui bénéfique d'assouplir certaines règles et de rendre l'apprentissage plus ludique pour les plus jeunes. Car si le corps humain est très résistant, il est aussi très fragile, surtout chez des enfants qu'on essaie de faire entrer dans un moule.

Les mouvements

Après les exercices de barre, le danseur travaille les enchaînements. Je me contenterai ici d'expliquer brièvement les pas et les mouvements les plus utilisés dans la danse classique. Le premier des enchaînements effectué « au milieu » par le danseur est l'adage. Il consiste en une suite de mouvements liés entre eux par des pas et comprenant des pliés, des développés, des équilibres. L'adage permet d'améliorer l'équilibre et le sens de la liaison entre les mouvements. Sur scène, on nomme ainsi la partie lente d'un pas de deux, pendant lequel le danseur soutient sa partenaire.

Les pas qu'effectue le danseur entre les mouvements portent tous des noms. On trouve notamment les piqués, les coupés, les détournés, les enveloppés, les glissades, les pas de basque, les pas de bourrée, les pas de cheval, de gigue, de valse...

Parmi les mouvements classiques, il faut citer les arabesques et les attitudes. En arabesque, le corps est légèrement penché en avant, une jambe relevée et tendue en arrière, tandis que les bras sont allongés. Dans les attitudes, le danseur se trouve également en équilibre sur une jambe, mais l'autre jambe est cette fois pliée, avec un bras relevé et l'autre en position horizontale.

La famille de mouvements suivante est celle des sauts. Les ballonnés et les cabrioles sont des sauts sur un seul pied. Dans les ballonnés, la jambe levée effectue des battements de côté, puis le pied rejoint la cheville de l'autre jambe lorsque celle-ci retrouve le sol. Les cabrioles sont un peu plus complexes puisque le saut place le corps dans une position oblique, les deux jambes jointes, après une élévation verticale.

Les sauts d'un pied sur l'autre comprennent les petits et les grands jetés, ainsi que leurs variantes – sauts de chat, temps de flèche, sauts de biche, ballottés. Tous ces sauts sont des variantes du jeté simple, qui consiste à lancer le corps grâce à un appui sur une jambe et à le recevoir sur l'autre jambe.

À la manière d'un peintre avec ses couleurs, le chorégraphe dispose d'un répertoire de mouvements (arabesques, tours, sauts, etc.). Après les avoir travaillés isolément en studio, le danseur apprend à les enchaîner et à les faire vivre dans la chorégraphie, au sein du groupe et en intelligence avec l'accompagnement musical.

C. Arbo, M.-C. Pietragalla, C. Landault, *Dances at a Gathering*, chor. Jerome Robbins, Opéra de Paris, 1991.

Viennent ensuite l'ensemble des sauts pour lesquels on part d'un pied pour arriver sur deux : assemblés, brisés et entrechats de volée. Les assemblés sont généralement des sauts verticaux qui se font quasiment sur place. Lorsqu'ils sont associés à un mouvement horizontal du corps, ils sont dits portés. Les brisés sont des sauts associés à un battement de jambes, qui entraînent un déplacement latéral du corps. Les entrechats de volée sont des grands assemblés portés, battus deux fois. À l'inverse, dans la sissonne, le danseur prend son élan sur deux pieds et retrouve le sol sur un seul, l'une des jambes s'élevant sur le côté, en avant ou derrière pendant le saut.

Enfin, le danseur doit acquérir la maîtrise des sauts s'effectuant de deux pieds sur deux. Ils comprennent les changements de pieds, les soubresauts et les échappés. Dans les changements de pieds, ceux-ci intervertissent leur position pendant le saut, qui reste vertical. Pour les soubresauts, le mouvement est le même mais les jambes demeurent jointes, alors que dans les changements de pieds elles s'écartaient puis se rejoignaient. Lorsque les jambes sont battues, c'est-à-dire qu'elles se croisent pendant la période de saut, on parle d'entrechats. Dans les échappés, les jambes initialement jointes en première position s'écartent en seconde pendant le saut.

Les grands sauts demeurent un des morceaux de bravoure des hommes. La qualité du saut, indépendamment de son ampleur, tient à l'impression qu'il procure de mouvement suspendu en l'air. Le corps, en paraissant libéré de son poids, exprime avec évidence l'énergie du danseur.
N. Le Riche, *IXe symphonie*, chor. Maurice Béjart, Opéra de Paris, 1999.

Les chorégraphes du xxe siècle comme l'américaine Martha Graham ont fait évoluer le vocabulaire classique ; les enchaînements connaissent des entorses, de nouveaux mouvements apparaissent, et le rapport avec le rythme évolue. La syntaxe de Martha Graham se distingue par l'alternance marquée des phases passives, presque vidées d'énergie, et des mouvements pleins, qui accentue la valeur dramatique de ses chorégraphies.
Maple Leaf Rag, chor. Martha Graham, Opéra Garnier, 1991.

En dernier lieu on trouve une catégorie de mouvements rotatifs du corps, comprenant le déboulé, la pirouette, le piqué en tournant et le fouetté. Le déboulé consiste en une série de pivots effectués sur les pointes ou les demi-pointes, qui permettent à la danseuse de se déplacer en effectuant des tours complets sur elle-même. Dans la pirouette, l'interprète tourne sur lui-même en se servant de l'une de ses jambes comme pivot, tandis que l'autre est levée, pliée ou tendue.
Il convient d'ajouter à cette longue énumération les demi-pointes et les pointes, qui ne sont à proprement parler ni des mouvements ni des positions de base, mais qui entrent dans de nombreux enchaînements. La difficulté de celles-ci tient au fait que tout l'équilibre du corps repose sur les métatarses.

L'ART DE LA COMBINAISON, LES ENCHAÎNEMENTS

La maîtrise quotidienne des positions et des enchaînements revêt une importance fondamentale puisque ceux-ci sont ensuite utilisés par les chorégraphes, même lorsqu'ils cherchent à les détourner, comme c'est le cas par exemple de William Forsythe. Celui-ci se sert de la technique des pointes en plaçant l'équilibre au-delà de la ligne de la jambe et de la hanche, afin de modifier l'aplomb de la danseuse.

Cette base classique, que chacun peut ensuite choisir de contourner, constitue un vocabulaire commun aux danseurs et aux chorégraphes. Avec ce vocabulaire s'établit un vrai langage. Un mouvement pourra par exemple être décrit de la façon suivante : assemblé devant, puis entrechat trois, quatre, cinq, six, puis entrechat six, on bat derrière, devant, derrière, entrechat cinq devant, derrière, devant... Tout est codifié.

Cette codification inhérente à la danse classique est aussi présente dans la danse contemporaine : le vocabulaire change, on parle de phrases chorégraphiques et non d'enchaînements, on évoque l'énergie et la gestion de l'espace, mais les éléments en jeu sont identiques. Il faut là aussi échauffer le corps en respectant une certaine progression, qui utilise souvent des bases classiques. En fait, les interactions entre la danse contemporaine et la danse classique sont inévitables et même souhaitables. Il n'y a aucune raison pour que

ces deux courants restent crispés sur des principes inamovibles. Surtout lorsque ceux-ci ont perdu depuis longtemps leur raison d'être. Pour prendre l'exemple du tutu long ou tutu romantique, avec lequel on danse un ballet comme *Giselle*, il était, à l'époque de sa création, associé au port du corset, qui limitait considérablement les mouvements de bras ; les couronnes formées par les bras au-dessus de la tête étaient donc très pliées. On les exécute toujours de la même façon, alors que le tutu long a été adapté aux exigences d'aujourd'hui et que les danseuses ne portent plus de corset.

Sans remettre en cause les codes de la danse classiques tels qu'ils sont enseignés depuis des années, on doit donc leur conserver la souplesse d'adaptation nécessaire aux évolutions de la société.

L'effort prolongé exigé sur la scène demande à l'interprète de trouver son propre rythme, pour contrôler son énergie durant le spectacle sans que la fatigue n'altère la qualité de ses enchaînements.
The Rite of Spring, chor. Martha Graham, Avignon, 1987.
Ci-dessus : *Snow on the Mesa*, chor. Robert Wilson, Maison des Arts de Créteil, 1995.

BIP
ROI du
SPORT

*M*arcel Marceau (né en 1923) demeure l'une des figures marquantes de la pantomime. Il a l'art de raconter par le geste, créant un univers cocasse et spirituel. Transcrivant par des gestes explicites des situations vécues, la pantomime trouve ses origines dans la Commedia dell'arte italienne. Elle fut intégrée à la danse à partir du XVIIIe siècle, avant d'être délaissée par les chorégraphes modernes qui estimaient qu'elle relevait d'un classique poussiéreux. Joseph Nadj compte parmi les créateurs contemporains qui l'ont réintroduite avec beaucoup d'à-propos.

*A*u Japon, le théâtre kabuki (illustration ci-dessous), dont les origines remontent au début du XVIIe siècle, mêle théâtre, psalmodies, chants et danses. Le comédien constitue le centre d'une représentation spectaculaire. Héritier d'une longue tradition familiale, il est capable d'assumer les emplois les plus divers et de passer d'une scène de danse à un drame historique en utilisant un registre d'expressions très étendu.

L'APPORT DE LA PANTOMIME

Au-delà du vocabulaire formel des positions, des mouvements et des enchaînements enseignés dans les cours, il existe un autre langage gestuel pour traduire les idées et les sentiments : la pantomime. Elle permet au danseur de ballet d'exprimer une situation ou un affect que la danse seule ne saurait traduire. On pourrait presque comparer ces gestes à des sous-titres. Dans le répertoire classique, une gestuelle précise peut ainsi accompagner la question « voulez-vous danser avec moi ? », ou encore la notion d'« être fiancé ». Cette codification de second niveau est utile à la narration. Le seul souci, là encore, est que les codes de la pantomime telle qu'on la pratiquait au XIXe siècle ont souvent vieilli et ne sont plus nécessairement compréhensibles par un public contemporain.

En France, l'histoire de la pantomime est étroitement liée à la Commedia dell'arte, dont certaines gesticulations sont une survivance des mimes romains antiques.

Les codes de la pantomime, empruntés souvent à la vie quotidienne, offrent à l'interprète la possibilité d'étoffer son vocabulaire et de transmettre l'émotion des sentiments.
M.-C. Pietragalla, *Don't Look Back*, chor. Carolyn Carlson, 1993.

Très en vogue au XVIIIe siècle, la pantomime a beaucoup influencé les novateurs que furent Jean-Georges Noverre et Angiolini. Au XIXe siècle, sous l'impulsion de fortes personnalités comme Baptiste Deburau, le mime se codifie davantage, cherchant une expression plus figurative et prosaïque. Dans le ballet classique, fleurissant à cette époque, la pantomime est intégrée de deux façons : par l'utilisation de gestes symboliques, mais aussi en s'efforçant d'emprunter à la vie des gestes naturels. L'interprète d'un ballet classique signifie ainsi qu'il (ou elle) va se marier en montrant de l'index l'annulaire où se porte habituellement l'anneau de mariage. Les sentiments et les affects tels que le refus, la douleur, la vengeance trouvent progressivement leur transcription dans des figures stéréotypées qui peuvent aujourd'hui faire sourire. Les productions contemporaines, si elles empruntent à la pantomime, recourent désormais à des gestes plus naturels.

DÉGAGER UNE DYNAMIQUE

Une fois acquis par le danseur, les mouvements doivent être enchaînés les uns aux autres au sein d'une chorégraphie. Cela complique un peu plus encore la tâche de l'interprète, qui doit non seulement mémoriser les enchaînements, mais aussi produire un effort prolongé. Les variations apprises en classe ne durent en général pas plus de six fois huit temps, il faut donc les pratiquer suffisamment pour acquérir l'endurance nécessaire au spectacle. Les mouvements, pris les uns après les autres, posent rarement problème. Mais lorsque la durée et la fatigue interviennent, alliées parfois à des difficultés techniques que l'on ne travaille pas dans le cours du matin, la danse

Selon Merce Cunningham, la danse « se nourrit du mouvement lui-même et du fait de penser, même lorsqu'on est immobile, qu'en réalité on est déjà en mouvement, de sorte que la sensation soit constamment celle du mouvement, et qu'il n'y ait pas de *pause*. J'emploie ce mot délibérément parce que je l'ai souvent entendu à l'Opéra, " posé ", et il s'en dégage obligatoirement une sensation statique. »

Giacomo Balla, *Vitesse automobile*, 1913. Stockholm, musée d'Art moderne.

devient plus difficile et requiert une endurance considérable. Un ballet en trois ou quatre actes dure deux à trois heures, pendant lesquelles certains solistes n'ont pour répit que les quelques minutes du changement de costume ou de l'entracte.

Pour réussir à mémoriser les mouvements et à doser son énergie pendant le spectacle, le danseur s'appuie beaucoup sur la musique. Car dès les premières mises en forme du mouvement, le travail, même à la barre, s'appuie sur le support musical. Le rythme de la musique joue un rôle fondamental dans la dynamique de l'enchaînement. Il est toujours possible, comme le font certains créateurs contemporains, de travailler une pièce sans musique, à nu, puis de l'habiller musicalement. Mais personnellement – peut-être est-ce l'héritage de ma formation classique –, l'écoute de la partition musicale est toujours la première étape de mon travail. Je cherche ensuite les mouvements, qui trouvent leur correspondance avec le tempo, puis leur propre dynamique.

J'insiste sur cette question de dynamique car je pense qu'elle est essentielle tant en danse classique que contemporaine. Comme je l'ai déjà dit, le danseur doit comprendre le fond du mouvement, avant sa forme. C'est sans doute plus difficile pour les danseurs de formation classique, habitués à se conformer aux codes appris. Cette recherche du mouvement pur permet d'éviter un certain mimétisme et de garder un peu de liberté et d'aisance dans les gestes. Trouver l'énergie et la dynamique d'un mouvement dispense d'avoir à calquer une forme. Le danseur et chorégraphe contemporain Claude Brumachon, par exemple, marque un temps de concentration avant d'exécuter une phrase chorégraphique. Durant ce court moment, il se met dans l'humeur, dans l'état d'esprit nécessaire pour effectuer cette phrase. La qualité des représentations peut être inégale, mais le mouvement est toujours juste parce qu'il s'inscrit dans l'état déterminé par le danseur.

Il s'agit, encore une fois, de retrouver en soi cette vérité du mouvement – même s'il s'agit de la centième représentation d'une pièce –, ce moteur intérieur qui fait que le mouvement jaillit hors du corps, cette sorte de « fond vrai » du mouvement qui, s'il est absent, enlève toute authenticité à la danse.

La concentration et le relâchement sont des moments essentiels pour les danseurs. Ils leur permettent de donner aux mouvements toute leur ampleur. Les compositions de Claude Brumachon, particulièrement violentes et éprouvantes pour le corps, ne peuvent être envisagées qu'en recourant à une forte concentration pour rassembler l'énergie nécessaire.
B. Lamarche, *Icare !*
chor. Claude Brumachon,
Avignon, 1998.

Une question d'énergie

Le développement musculaire entre pour beaucoup dans l'apprentissage de l'endurance et des capacités techniques, mais il n'est pas l'essentiel. De toutes les données à contrôler chez le danseur, l'énergie est sans doute l'élément le plus fondamental et celui qui réclame le plus d'efforts.

Car pour acquérir la maîtrise de l'énergie, il n'existe pas d'exercice précis. Cet apprentissage suppose surtout de la part du professeur un esprit d'ouverture, loin de cette figure bien ancrée du maître avec sa baguette, assis dans un coin sans jamais montrer les mouvements. Les enseignants d'aujourd'hui dansent beaucoup pendant les cours. Ils font les exercices, et surtout fournissent beaucoup plus d'explications sur l'énergie qui circule, la respiration, la décontraction. Cette dernière est fondamentale : elle permet au danseur de gérer au mieux son énergie, et d'avoir, le moment voulu, sur scène, le souffle et l'endurance nécessaires à l'exécution d'un ballet.

Compte tenu de la durée d'une pièce chorégraphique, il est impossible de mobiliser toute son énergie sur l'ensemble des mouvements. Il faut donc savoir se relâcher, se relaxer, apprendre à effectuer des pas de liaison plus calmement, si l'on veut mettre en valeur un grand jeté ou une cabriole. Les pas de liaison sont un peu l'équivalent de ce qu'est la course pour un sauteur en athlétisme. L'important pour lui n'est pas de courir, mais de sauter un obstacle ; la course lui donne simplement son élan et lui permet de contracter son corps avant l'effort. Toutefois, le danseur, lui, doit aussi prendre en compte l'esthétique, il ne peut donc pas négliger les mouvements intermédiaires.

La figure du vieux professeur avec son bâton est aujourd'hui dépassée. Cherchant à développer au mieux leurs capacités individuelles, les enseignants sont à l'écoute des danseurs, sans vouloir à tout prix leur imposer un carcan préétabli. L'enseignement se porte davantage sur la maîtrise de l'énergie, le travail mental et les techniques de tension et de relâchement. Cette recherche est née avec le développement de la danse moderne qui, en créant un nouveau vocabulaire, a dû dans le même temps produire un nouveau mode de transmission.
Edgar Degas, *Jules Perrot*, 1875. Philadelphia Museum of Art.
Rudolf Noureev pendant une répétition de *L'Après-midi d'un faune* de Nijinski, Opéra Garnier, 1989.

Les techniques d'apprentissage de la respiration viennent souvent de disciplines comme le yoga, qui visent à libérer l'esprit des contraintes du corps par la maîtrise de son mouvement, de son rythme et du souffle.
Yogi les pieds pendus à un arbre, miniature indienne, XVIIIe siècle. Londres, British Museum.

*L*e mouvement doit être infini même s'il passe par des immobilisations. Il n'y a pas d'arrêt véritable, juste une attente, une suspension avant la libération de l'énergie, liée au souffle. Rythme essentiel de l'être humain, la respiration conditionne le geste et sa dynamique.
Mikhail Baryshnikov en cours à l'American Ballet Theatre, 1987.

La maîtrise de l'énergie provient en fait principalement d'un travail mental, mais avec une intelligence qui soit en permanence à l'écoute du corps. Le danseur doit connaître la sensation physique du mouvement à effectuer. Il ne suffit pas de se dire que l'on veut relâcher une tension ou contrôler son énergie pour y parvenir, il faut aussi le vivre dans son corps pour le comprendre et pour l'accepter. L'énergie passe par la tête et se diffuse dans tout le corps.

À la différence des gestes techniques dont on peut à tout moment perdre la maîtrise, l'énergie, une fois trouvée, est acquise. En revanche, cet apprentissage peut être bien plus long que celui de la technique. Lorsque j'observe les jeunes danseurs de ma compagnie, je remarque souvent qu'ils exécutent les mouvements sans retenue et sont exténués au bout d'une heure ; alors qu'il est tout à fait possible de gérer un cours d'une heure et demie de façon à conserver beaucoup d'énergie pour les répétitions. Dans une journée de danseur, qui compte six à sept heures de travail, il est capital de savoir s'économiser. Avec l'expérience, plus on danse un rôle, plus on parvient à se décontracter, et plus on arrive à trouver une certaine aisance dans l'endurance. Une fois le trac des premières représentations passé, l'enjeu évolue : la technique est maîtrisée, on peut alors trouver une certaine décontraction dans la dynamique, qui permet de relâcher certains mouvements dans lesquels on investissait trop d'énergie.

Contrairement à d'autres données personnelles comme la morphologie, l'énergie se modèle et s'acquiert. Elle augmente même à mesure qu'on la maîtrise et que l'on se décontracte. Un danseur qui donne le maximum de lui-même dans un enchaînement risque d'être asphyxié au bout de cinq minutes et de ne plus pouvoir rien faire ensuite. Alors que s'il parvient à se relâcher dans certaines phrases chorégraphiques, il peut intensifier son effort à d'autres moments, et ainsi parvenir à une endurance plus grande. Pourtant, il ne suffit pas d'accomplir certains mouvements à fond, c'est-à-dire au maximum de leur amplitude, et les autres à moitié ; la décontraction doit se trouver au cœur du mouvement, même quand celui-ci est fait à fond. Cette sensation particulière est très difficile à comprendre. Pour prendre un exemple simple, si je monte mon bras latéralement, je n'ai pas besoin de le tendre à l'extrême pour qu'il soit complètement droit, il me suffit pour cela d'être précise dans l'espace et posée, ce qui me permet de m'économiser pour un autre mouvement nécessitant plus d'énergie.

Dans cette tentative pour mieux maîtriser l'énergie, la respiration est un élément fondamental. Elle peut être travaillée en marge du mouvement, grâce au yoga par exemple, mais mieux vaut ne pas dissocier les deux. La compréhension s'en trouve facilitée, car elle est directement associée à une sensation concrète. Ainsi, si on part du sol pour développer une jambe, la respiration intervient forcément lorsqu'on relève le corps. Le mouvement a presque toujours une correspondance avec la respiration, et le danseur doit s'efforcer de prendre conscience de cette correspondance puis de la rendre le plus juste possible. Sur des gestes simples, impliquant moins d'efforts musculaires, on doit s'appliquer à ne jamais arrêter le mouvement afin de trouver une respiration juste. Même si le bras est immobile, on doit avoir l'impression que le mouvement se prolonge au bout des doigts, qu'il continue dans l'espace. C'est à l'intérieur de cet infime mouvement, qui, en même

temps, tend vers l'infini, que l'on peut stabiliser sa respiration et conserver toute son énergie pour des mouvements plus violents.

Le recours aux images

Puisque l'essentiel passe par le corps, les sensations décrites plus haut sont assez difficiles à expliquer. Certaines personnes parviennent à comprendre ce qui est en jeu sans pour autant réussir à l'intégrer dans leur corps. Lorsque je me trouve confrontée à un danseur qui n'arrive pas à ressentir un

Pensée en mouvement, la danse, pour être transmise, doit emprunter le cheminement plus étroit des mots. Devant cette difficulté, l'enseignant a recours à des métaphores qui font office de « traducteurs ». L'image de la patte de chat est utilisée pour améliorer la qualité du toucher du pied sur le sol.
Villa Palagonia, Bagheria, Sicile.

*M*aîtriser sa respiration, comprendre que de la décontraction du corps naît l'énergie la plus forte, connaître son rythme propre sont les enjeux du travail du danseur, pour libérer le mouvement juste. La restitution de l'énergie, confinant parfois à la violence, s'articule autour d'un fil invisible et ténu, la « voix dans la tête », qui guide les pas du danseur au-delà du savoir et de la technique.
René Magritte, *La Clé des champs*, 1933. Madrid, coll. Thyssen-Bornemisza.
R. Noureev et C. Carlson, *Tristan*, chor. Glen Tetley, Opéra de Paris, 1974.

phénomène, j'utilise des images, comme celle d'une main ouvrant une porte, ou passant à travers. J'essaie de trouver des métaphores pour chaque mouvement. Plus que les mots, les images peuvent provoquer un déclic et forcer la compréhension, lorsque les explications théoriques ne suffisent pas. Il existe aussi certaines indications usuelles intelligibles par tous. Par exemple, pour tourner deux fois en dehors, on conseille de fixer un point dans l'espace et d'y revenir à chaque tour. D'une manière générale, plus la chorégraphie est complexe, plus il est nécessaire d'épauler la théorie avec des images qui peuvent paraître très éloignées de la réalité. Je me souviens par exemple d'un professeur qui nous disait : « il faut que le mouvement soit juteux ». Cela signifiait pour lui une certaine façon de lécher le sol avec le pied et d'avoir une plénitude dans le mouvement. Bien sûr, ce type d'image peut provoquer un déclic chez certains danseurs et pas chez d'autres, même à niveau technique égal. Il faut donc, à chaque fois, adapter les métaphores à la personnalité et aux affects du danseur auquel on s'adresse. Pour ma part, j'ai tendance à privilégier les comparaisons avec des mouvements naturels : monter une marche, attraper un objet sur une étagère, même s'il m'arrive d'employer des expressions plus imagées comme « lécher le plancher », qui fait partie de notre jargon et signifie que le pied, dans un travail de demi-pointe, doit s'articuler et devenir aussi fluide qu'une main.

LA « VOIX DANS LA TÊTE »

En même temps qu'il fait l'apprentissage des techniques, le danseur doit s'approprier le rythme. Le rythme de la musique bien sûr, mais aussi

sa propre rythmique intérieure. Celle-ci peut varier dans une même chorégraphie suivant l'humeur et les désirs du danseur, créant une souplesse de jeu qui constitue l'espace de liberté de l'interprète par rapport au chorégraphe. Il arrive pourtant que celui-ci, comme Jerome Robbins par exemple, établisse des enchaînements très stricts, ne laissant aucune liberté dans l'interprétation et plaçant les mouvements sur la musique au millimètre près. Une telle rigidité entraîne souvent des phases de découragement et de remises en question chez le danseur, jusqu'au moment où celui-ci découvre à nouveau une liberté, une expression naturelle, à l'intérieur de ce qui semblait d'abord être un véritable carcan. Une sorte de deuxième peau apparaît dans ce travail méticuleux, qui apporte cette liberté dans l'interprétation. À l'inverse de Jerome Robbins, une chorégraphe comme Carolyn Carlson laisse beaucoup de champ libre à ses interprètes.

Mais quel que soit le chorégraphe et sa façon de travailler, le danseur ne peut accéder à son rythme propre qu'à travers une recherche personnelle exigeante et précise. Il doit notamment trouver un équilibre interne, que j'ai déjà évoqué avec la notion de fil à plomb, permettant de parvenir à l'essence du geste. Cet équilibre, qui naît du désir de passer derrière le miroir et de visualiser le mouvement de l'intérieur, s'articule aussi à un rythme propre, une pulsation personnelle qui soutient l'interprète par-delà la musique, une « voix dans la tête ».

Avec l'expérience, cette petite voix permet de savoir intuitivement comment effectuer un mouvement. Bien sûr, la reproduction de ces gestes à chacune des représentations varie selon l'humeur et les sentiments du moment. Mais si son exécution peut être un peu plus

Pour conduire le danseur vers la vérité du mouvement, le chorégraphe emploie des images propres à susciter des sensations fortes. Mis dans la situation d'être poursuivi par un avion, chaque danseur adoptera une solution différente.
Cary Grant, dans *La Mort aux trousses* d'Alfred Hitchcock, 1959.

violente ou un peu plus lente, le fond du mouvement, comme la voix qui le guide, reste toujours le même. L'énergie aussi peut différer, de même que la dynamique, selon l'interprétation qu'on donne à un moment précis, tout particulièrement lorsqu'il s'agit d'expressions très violentes et que le danseur lâche complètement son énergie, mais son rythme personnel n'est pas modifié et le soutient. D'où l'importance de cette arête centrale, cette voix pareille à l'œil intérieur des sages indiens.

Une certaine humanité

Pour accéder à la maîtrise de cette arête centrale du mouvement et de ce rythme qui lui est propre, le danseur doit faire un effort mental pour oublier sa technique, et tenter de revenir à une position naturelle. Il doit tout reprendre à zéro, et chercher, avant tout, une dynamique correspondant à une humeur. Cette recherche s'accompagne souvent d'images.

Ainsi, lorsque nous avons répété le *Sacre du printemps* avec Maryse Delente, elle a eu recours à une image très particulière afin de nous plonger dans l'état adéquat pour danser la scène où l'élue est sacrifiée : elle nous a enjoint d'imaginer une moissonneuse-batteuse fonçant sur nous. Les réactions des danseuses de sa compagnie ont alors été très diverses. L'une d'entre elles s'est précipitée les deux poings en avant vers le danger, une autre s'est mise à trembler, tandis qu'une troisième restait pétrifiée. Chacune d'entre elles avait réagi face à cette image qui annonçait la mort suivant ses affects personnels, mais elles se trouvaient toutes dans une humeur adaptée à ce moment précis et apte

à libérer des mouvements essentiels. Bien que différentes, chacune de ces réactions servaient en réalité le même but.

Il est possible finalement de considérer ce fil à plomb qui structure le mouvement du danseur comme une vérité personnelle, qui n'est pas très éloignée du résultat d'un travail psychologique. Sans doute parce que la danse – hormis la danse abstraite, où l'on gère simplement des énergies – entretient un rapport très proche avec ce que nous avons en nous de plus humain et de plus intime, nos sentiments. Dès qu'un danseur commence à raconter une histoire, ou à développer les caractéristiques d'un personnage, il est obligatoirement plongé dans l'affect qui constitue ce qu'il y a de plus humain chez l'homme. Cette tendance est exacerbée chez l'« homme qui danse » et le différencie du simple danseur, comme nous le verrons par la suite. Dans la danse, la première étape est avant tout une question d'émotion et de sensation, on se doit d'éprouver une réaction sensible par rapport à un événement avant de l'alimenter et de la déployer par le mouvement. Mais là encore, il s'agit de prendre les choses dans l'ordre, de trouver le fond avant de développer la forme.

À mesure que j'avance dans la danse, c'est précisément cette humanité, l'aspect sensible des événements, qui me passionne et m'oriente. La danse doit retranscrire et amplifier les sentiments naturels que l'on rencontre dans la vie. L'œuvre, le personnage ne sont que des transcriptions de la réalité. C'est sans doute pour cette raison qu'on ne prête plus la même attention aux mouvements à partir d'un certain niveau. On découvre qu'il n'est pas trop grave de tourner à droite plutôt qu'à gauche, si l'émotion transmise est intacte.

De nombreux peintres ont cherché à transcrire le mouvement. Dans le nu de Gerhard Richter, le halo vibratoire qui entoure le corps de la femme donne le sentiment que celui-ci irradie, comme si elle allait sortir de la toile.
Gerhard Richter, *Emma nue descendant l'escalier*, 1966. Cologne, Museum Ludwig.

L'IMPROVISATION

Cette approche rejoint en partie certains types de musique comme le *free-jazz* ou les *radifs* de la musique moyen-orientale. Mais l'improvisation véritable est rarement pratiquée dans la danse, hormis chez des chorégraphes tels que Carolyn Carlson ou William Forsythe, qui donnent néanmoins à leurs interprètes un fil conducteur solide. En effet, ce type de travail, par ailleurs passionnant, soulève bien des difficultés. Improviser un mouvement sur scène procure un sentiment de liberté totale, effrayant pour beaucoup de danseurs qui préfèrent la sécurité d'un schéma ou de phrases chorégraphiques établies. Lorsqu'on improvise, comme je l'ai fait dans le solo intitulé *Don't Look Back* créé pour moi par Carolyn Carlson, le plus enthousiasmant est l'idée que l'on part à la rencontre de l'inconnu et que chaque représentation sera véritablement unique.

Il existe bien sûr toujours quelques éléments de départ, sans lesquels il ne s'agirait pas d'une chorégraphie. Dans le cas de cette pièce, le fil conducteur est constitué par une idée, une humeur, un déplacement dans l'espace autour duquel vont s'improviser les mouvements. Mais cet exercice n'a été possible que parce qu'il y avait eu une rencontre très intense entre la chorégraphe et moi, une connaissance réciproque, et une entente de fond sur ce que nous attendions de la danse. Dans le cas d'un solo comme *Don't Look Back*, qui dure une heure, la « voix dans la tête » est évidemment plus importante que jamais. Il est impensable de rester seule sur scène autant de temps sans être structurée par une grande force.

Lorsque le danseur improvise en solo (ici M.-C. Pietragalla dans *Don't Look Back* de Carolyn Carlson, Biarritz, 1996), chaque représentation est une découverte. C'est une expérience difficile car le danseur est seul face à lui-même. Le recours à la « voix dans la tête » est alors une nécessité absolue, puisque le danseur ne peut plus s'appuyer sur la chorégraphie ou le partenaire. Un fil conducteur succinct est donné à l'interprète pour composer son improvisation.

Georges Lepape

La danse utilise de nombreux artifices qui modifient la perception du mouvement. Le costume porté par Nijinski pour incarner la marionnette *Pétrouchka* campe d'emblée le personnage de manière à inspirer le rire et la compassion. Les mouvements saccadés de la chorégraphie, rappelant ceux d'un pantin, sont soulignés par la forme ample du pantalon et le pompon du couvre-chef. D'après Georges Lepape, Nijinski dans *Pétrouchka* d'Igor Stravinski, chor. Michel Fokine. Paris, Bibliothèque des Arts décoratifs.

Le ballet *Parade* (1917) est un bel exemple de collaboration entre des créateurs d'horizons différents : Jean Cocteau pour le livret, Léonide Massine pour la chorégraphie et Erik Satie pour la musique, tandis que le rideau de scène, dont on voit ici un détail, fut peint par Pablo Picasso. Paris, musée national d'Art moderne.

UN ART À LA CROISÉE DES CHEMINS

Art complet, la danse s'appuie sur d'autres domaines de la création. Langage du corps, elle fait appel aux autres sens et à l'expression la plus raffinée de la musique et des arts plastiques et visuels.

L'IMAGE

Dans la danse, la première utilisation de l'image est le reflet du miroir devant lequel le danseur travaille. Destiné à vérifier le mouvement, le miroir s'est vu doublé ces dernières années par l'apport de la vidéo qui, en démultipliant les points de vue, permet

d'échapper à la vision faciale du miroir. J'utilise beaucoup ce médium : la vision élargie qu'il offre, surtout lorsqu'on chorégraphie, laisse apparaître les erreurs de façon plus nette, tant dans les mouvements que dans la lumière ou la scénographie. De plus, grâce à la vidéo, un patrimoine vivant est sauvegardé, accessible aux jeunes danseurs qui peuvent étudier des ballets et observer des interprètes qu'ils n'auraient pas eu la possibilité de voir autrement.

Explorant les nouvelles possibilités de l'image, certains chorégraphes, comme Merce Cunningham, ou plus récemment Wim Vandekeybus ou Jiri Kylian, ont intégré des moniteurs vidéo ou des projections dans leurs chorégraphies. L'écho simultané de l'image au mouvement dansé trouble le rapport traditionnel entre le danseur et son geste, ouvrant ainsi de nouvelles perspectives. Mais l'essentiel reste pour moi la recherche du mouvement pur ; la vidéo est un accessoire et ne peut pas remplacer la présence d'un autre danseur.

L'image projetée peut prendre une place importante dans la chorégraphie. Elle démultiplie l'espace dans lequel se déroule le mouvement, brouille les pistes entre la réalité charnelle du danseur et sa représentation sur un écran.
Dans beaucoup de ses pièces, José Montalvo détourne « l'image technologique à des fins poétiques ». Avec les séquences filmées en vidéo, les danseurs deviennent, à travers leur image, leur propre décor.
Le Jardin Io Io Ito Ito, chor. José Montalvo et Dominique Hervieux, Théâtre de la Ville, 1999.
Paradis, chor. José Montalvo, Théâtre de la Ville, 1997.

LE COSTUME, ENVELOPPE DU CORPS

Même s'ils peuvent paraître superflus et interchangeables, le costume et les accessoires conditionnent largement la danse, les sensations de l'interprète comme la perception du public. Deuxième peau du danseur, le costume est indissociable de la représentation.

Dans le répertoire classique, le tutu constitue l'essentiel du costume chez la femme : le tutu romantique – ou tutu long – et le tutu court, si caractéristique de la ballerine. Le tutu long se rencontre dans le répertoire romantique – avec lequel il est né –, dans des ballets comme *Giselle* ou *La Sylphide*, alors que le tutu court est inséparable du grand répertoire de la fin du XIXe siècle : *Don Quichotte* (1869), *La Bayadère* (1877), *La Belle au bois dormant* (1890) ou *Le Lac des cygnes* (1895).

Pour la création du ballet *Le Tricorne*, en 1919, Serge de Diaghilev fit appel à Léonide Massine pour la chorégraphie et à Pablo Picasso pour le décor et les costumes. Celui-ci puisa son inspiration dans la féerie colorée du monde d'Arlequin et les tenues paysannes de son Espagne natale.
Le Tricorne, chor. Léonide Massine, Opéra Garnier, 1992.

Constitué d'un tutu court, d'une tunique et d'une paire de pointes, le costume classique féminin répond à l'idéal de pureté et de légèreté associé à la femme au XIXe siècle. Il est aussi adapté aux exigences techniques du répertoire, tels les arabesques ou les sauts.
M.-C. Pietragalla, *Le Lac des cygnes*, chor. Marius Petipa et Lev Ivanov, Opéra Bastille, 1995.

Les costumes s'inspirent de la mode de leur temps. Au XVIIe siècle, on dansait avec des robes à panier, tandis que le XIXe ajouta, au port déjà contraignant du corset, des manches ajustées. D'où le maintien de la ballerine, la taille extrêmement resserrée et les bras à peine montés en couronne, gênés par les emmanchures du bustier. Chez les hommes le costume classique est moins astreignant. La pièce principale du costume, le pourpoint, prévoit une amplitude pour la cage thoracique suffisant à l'exécution, lors des adages, des manipulations du danseur avec sa partenaire.

Les chaussons de pointe, autre élément constitutif de la tenue de la danseuse classique, se sont considérablement améliorés depuis leur invention, en 1830. Je n'irai pas jusqu'à dire qu'ils sont désormais confortables, mais les souffrances sont quand même atténuées

maintenant que la fabrication sur mesure permet d'adapter les semelles, la cambrure ou les différences d'empeigne, c'est-à-dire de hauteur du chausson par rapport à la longueur des métatarses.

La pointe induit une façon particulière de danser, plus délicate, plus légère, mais aussi plus technique. Le travail sur pointe n'a rien à voir avec le travail sur demi-pointe car la surface de la pointe est plus petite que celle de la demi-pointe, et l'équilibre n'est pas le même. La pointe permet de présenter le pied dans toute sa longueur, avec beaucoup de raffinement, obligeant le coup de pied à se cambrer. Elle est l'apanage des femmes.

Le XIXe siècle voit d'ailleurs une « féminisation » de la danse, surtout avec la guerre de 1870, quand les femmes prennent les rôles des hommes, peu disponibles. Il faut attendre des chorégraphes comme

Maurice Béjart, à qui l'on doit le retour en force des interprètes masculins dans les chorégraphies modernes, a parfois réduit le costume de ses danseurs à un simple maillot soulignant la pureté et la précision de leurs gestes, comme ici dans *Le Sacre du printemps*. Le costume évolue parallèlement au changement des mœurs et des habitudes sociales. Palais des Congrès de Paris, 1988.

*D*ans une volonté de dépouillement favorisant la recherche du mouvement pur, certains chorégraphes demandent à leurs interprètes de danser nus. Le corps s'affiche dans une simplicité crue qui, paradoxalement, désexualise le danseur, faisant de lui l'expression organique d'une idée.
Herses (Une lente introduction), chor. Boris Charmatz, 1997.

Maurice Béjart pour que la danse masculine gagne de nouveau ses lettres de noblesse.

Le costume suit l'évolution des mœurs et des codes sociaux. Le maillot académique, imposé notamment par Balanchine dans les années soixante, offre au regard du spectateur la rigueur du corps dessiné des interprètes, démarche qui coïncide avec la modernisation de la société, dans l'idée du progrès et de la perfection. Dès lors que le corps du danseur n'est plus dissimulé mais mis en valeur, il doit s'inscrire dans une géométrie de l'espace, et les lignes du mouvement doivent alors être rigoureuses.

Cette tendance est poussée à l'extrême dans les années soixante-dix, où la dénudation des corps participe d'une revendication politique. Dans la danse, le costume achève sa mutation vers un modèle androgyne unique qui gomme les différences entre les danseurs.

Plus récemment encore, les chorégraphes « contemporains », dans un mouvement contraire à la norme des « modernes » et du maillot académique, ont plutôt recours à des costumes proches des vêtements de ville, singularisant à nouveau l'interprète, dans le souci de réduire l'écart entre danse et vie quotidienne.

Un permanent échange avec le monde extérieur permet à la danse d'évoluer et d'influencer en retour la culture de son temps. Certains chorégraphes entretiennent des relations privilégiées avec des créateurs de mode, poussant plus avant la réflexion sur les interactions entre le corps, le vêtement et la société. Je pense notamment à Roland Petit qui a beaucoup travaillé avec Yves Saint-Laurent, ou à Maurice Béjart et Giani Versace, ou encore à William Forsythe et Issey Miyake.

Au-delà de l'influence qu'il peut avoir sur les mouvements du danseur, l'impact du costume sur le public est immédiat. Il inscrit le danseur a priori dans une époque et dans un milieu, qui sont autant de messages venant à l'appui du rôle. Le choix des couleurs et des formes du costume ajoute au caractère du personnage : un pantalon trop grand évoque la maladresse, perception dont l'interprète pourra tirer profit.

Comme le vêtement, le maquillage doit s'adapter aux besoins de la scène et mettre en valeur les traits de caractère du personnage. De façon un peu outrée, les maquillages anciens, avec leurs traits blanc, rouge et noir prononcés, assuraient ce rôle. Aujourd'hui, la tendance est là encore au naturel : on évolue vers des maquillages de ville aux ombres travaillées soulignant la structure du visage, de façon à obtenir un résultat plus proche de la vie quotidienne.

Couturiers et chorégraphes se rencontrent autour de certaines créations. William Forsythe et Issey Miyake en ont donné une belle illustration dans *New Sleep*. Théâtre du Châtelet, 1992.

Dans *Achille aime Patrocle*, le choix d'un éclairage rouge et la tenue du danseur-chorégraphe américain Bill T. Jones renforcent l'érotisme exacerbé de la pièce, qui est aussi un cri de désespoir et de colère devant la disparition de l'être aimé. Centre Georges Pompidou, 1993.

Qu'il soit sophistiqué, conçu pour attirer l'attention et symboliser un trait particulier du personnage, ou au contraire volontairement discret, le maquillage contribue, comme le costume, à influencer la perception du public. M.-C. Pietragalla, maquillage du *Sacre du printemps*, chor. d'après Vaslav Nijinski, Opéra Garnier, 1994.

La lumière

Paradoxalement, avant de servir le danseur, la lumière est souvent une gêne pour lui. Particulièrement dans le cas du « suiveur », ce cercle de lumière qui vient trouer l'obscurité pour suivre l'interprète. Cette ancienne méthode d'éclairage, outre l'impression de piste aux étoiles et de roulement de tambour qu'elle provoque, est très gênante car elle donne au danseur l'illusion d'être renvoyé en arrière et bouleverse son équilibre. Le mouvement tient alors plus de la lutte que de l'interprétation libre. Les effets de lumière empruntés au cinéma ou au théâtre, comme les rasants ou les latéraux, sont eux aussi difficiles à maîtriser. Car la fine pellicule de lumière qui découpe et flatte le corps aux yeux du public est en réalité insupportable pour le danseur que les projecteurs aveuglent dès qu'il se tourne vers les coulisses. Pour cette raison, il est nécessaire de trouver un compromis avec l'éclairagiste et le chorégraphe, et de travailler au moins trois ou quatre jours avec les éclairages pour préparer la représentation, ce qui reste encore très peu par rapport aux habitudes du théâtre.

La lumière apporte un changement considérable au travail en studio. Une fois maîtrisée, elle participe de façon magistrale au succès de la chorégraphie, jouant parfois un rôle prépondérant, comme chez Bob Wilson avec *Le Martyre de saint Sébastien* ou chez Jean-Claude Gallotta lorsqu'il travaille avec Dominique Bruguière. La lumière campe une atmosphère qui porte le danseur et renforce ses mouvements. À condition évidemment de savoir se placer en fonction d'elle et de la mettre au service de l'interprétation. Retrouver mes marques par rapport à la lumière, sur laquelle j'ai travaillé avec le

La lumière renforce la dimension théâtrale et dramatique de la danse. Mais elle ajoute aussi une difficulté en modifiant les repères du danseur et sa perception de l'espace.

L'éclairage apporte au mouvement une profondeur supplémentaire, en sculptant les reliefs du corps. Certains chorégraphes savent tirer une intense émotion de leur utilisation de la lumière. Chez le metteur en scène et chorégraphe américain Bob Wilson, elle accompagne à merveille le travail lent et précis des gestes.

J.-C. Paré, *Le Martyre de saint Sébastien*, chor. Bob Wilson, Opéra Garnier, 1988.

responsable des éclairages pendant les répétitions, est un de mes premiers soucis lorsque je rentre en scène, car sans éclairage, le corps est plat. La lumière découpe les muscles, donne son relief au mouvement, creuse les ombres du visage. Le danseur expérimenté sait en tirer tous les avantages.

Certains chorégraphes ont utilisé la lumière de manière originale. Ainsi, la fameuse Loïe Fuller, immortalisée par le peintre Toulouse-Lautrec et le sculpteur Auguste Rodin, fut la première à avoir recours à l'électricité au début du siècle, éclairant par dessous des sols translucides et projetant des couleurs sur de grands voiles drapés montés sur des perches pour renforcer ses mouvements et leur donner une étonnante profondeur.

Grâce à ses voiles, l'Américaine Loïe Fuller fut l'une des premières à tirer un parti astucieux de l'éclairage électrique de la scène. Elle créa des féeries de lumière immortalisées par les dessins de Toulouse-Lautrec.
Mais elle était aussi une adepte de la « scène naturelle », réalisant des chorégraphies dans des jardins qui cadraient parfaitement avec ses allures de papillon.
Loïe Fuller, vers 1900.

L'ESPACE, LA SCÈNE

Comme il utilise le costume et la lumière, le danseur doit apprendre à se servir de l'espace de la scène en travaillant son propre espace mental. On a vu en effet dans le premier chapitre que pour bien exprimer un mouvement, l'interprète devait avant tout développer une image mentale de son travail.

Dans cette perspective, le regard joue un rôle important car il détermine la direction du mouvement. Rudolf Noureev avait l'habitude de nous dire à l'Opéra de Paris : « Montrez ce que vous regardez avec les bras, mais surtout, montrez la direction où vous voulez aller avec le regard. Car de cette façon vous anticipez sur l'endroit où vous vous rendez. Il faut toujours que

Les danseurs évoluaient autrefois sur un plan en légère déclivité, partant du niveau du sol près du public et s'élevant vers le fond. La scène s'est ensuite haussée sur une estrade, ce qui allait dans le sens de la frontalité du ballet, remise en cause par nombre de chorégraphes du XXe siècle. V. E. Bertolotti, *Répétition d'un ballet dans le théâtre Regio de Parme*, XIXe siècle. Parme, musée Glauco Lombardi.

Dans son enseignement, Rudolf Noureev témoignait d'un souci particulier pour la direction donnée par le regard, qui permet au danseur de composer, à partir de l'espace réel, l'espace mental dans lequel il va évoluer. Rudolf Noureev, répétition à l'Opéra Garnier, 1981.

*L'*espace de la scène ou du studio est la dimension obligée où se déploie le mouvement, avec les multiples étapes qui le composent, « ces millions de stations entre ici et là » comme le dit Alwin Nikolaïs. À l'inverse du théâtre qui peut être bidimensionnel, la danse est contrainte à la spatialité, même lorsqu'elle est statique. Par la danse, le corps s'approprie l'espace et le recompose. Elle peut même être considérée comme une mise en espace de la pensée.
Cours de *modern dance*, prix de Lausanne, 1991.

la tête ou le regard précèdent le mouvement. » Cette constante du classique se retrouve aussi dans la danse contemporaine. Le regard et l'espace qu'il embrasse permettent de mieux maîtriser la situation : par exemple, lorsqu'on effectue une arabesque les bras au-dessus des épaules, c'est en gardant le regard encore plus haut que l'on contrôle sa ligne. Il est fondamental d'imposer sa direction par le regard, de déployer son espace mental avant de prendre possession de l'espace physique.

Le danseur oppose à la matérialité de la scène (surface réelle, sols, murs...) un espace imaginaire plus malléable, qu'il crée au fur et à mesure de ses mouvements. C'est principalement là qu'évolue le danseur : sa conviction doit conduire le spectateur à voir la scène se dilater. Quand il se retourne au son d'un bruit imaginaire ou quand il est interpellé par une personne fictive, les dimensions de la scène volent en éclats. C'est là le véritable espace de la danse.

Bien sûr, l'interprète peut se servir de la largeur d'une scène pour effectuer des mouvements amples, mais ce n'est ni une finalité, ni un gage d'efficacité. J'ai vu certains danseurs rester complètement statiques et déployer autour d'eux un espace incroyable. C'était le cas de Cyril Atanasoff dans *Le Rendez-Vous* de Roland Petit, où il interprétait la Mort. Il n'exécutait pas un pas de danse, se contentait de traverser la scène en marchant. Et pourtant sa présence irradiait la scène, l'espace était empli de sa force instinctive et de son animalité. Dans ces moments, le danseur accède au statut de « l'homme qui danse » – sur lequel je reviendrai –, au-delà de la technique et de la performance physique. Il exploite alors toutes les capacités de son « œil intérieur ».

L'espace de la scène, le décor, la scénographie sont davantage les outils du chorégraphe que ceux du danseur. Compte tenu de sa vision d'ensemble, le chorégraphe gère le plateau, tandis que le danseur gère son propre espace. Sa vision est personnelle, elle n'est pas englobante. Seul son partenaire peut de temps à autre élargir son cadre, mais sa conscience de l'espace reste personnelle.

Lorsqu'on passe de l'autre côté de la barrière, du côté du chorégraphe, la sensation du plateau est différente. On est doté d'un regard large auquel rien ne doit échapper, ce qui peut, dans certains cas, devenir angoissant. Rétrospectivement, je comprends mieux l'attitude de certains chorégraphes, cet apparent abandon dans lequel ils laissent parfois les danseurs.

La perception de l'espace qu'a le chorégraphe est très différente de celle du danseur. Sa vision est globale et il construit sa chorégraphie par rapport à cet espace. Jean-Georges Noverre, au XVIIIe siècle, avait pressenti l'importance de l'utilisation de l'espace de la scène et de la composition du décor : il comparait le chorégraphe à un peintre dont les couleurs seraient les mouvements des danseurs et la toile, une scène.
Le Sacre du printemps, chor. Vaslav Nijinski, Opéra Garnier, 1991.

Certains chorégraphes, depuis le début du XXe siècle, ont choisi de sortir la danse du cadre conventionnel et théâtral de la scène. Les expériences américaines d'Isadora Duncan dans un cadre naturel trouvèrent un écho plus thérapeutique dans l'enseignement de Rudolf von Laban, dont la « ferme de danse », sur les bords du lac Majeur à Ascona, prônait outre l'accomplissement de mouvements *in situ* un nudisme propre à révéler le corps. Plus proche de nous, je citerai *Roof Pieces* de Trisha Brown (1971), pièce pour laquelle quinze danseurs étaient répartis sur des toits de Manhattan, à New York.

Comme pour le costume, l'évolution des décors et de la scénographie suit les changements de la société et des modes, en relation étroite avec le domaine des arts plastiques. De nombreux artistes, de Pablo Picasso à Olivier Debré en passant par Andy Warhol, ont apporté leur contribution à l'univers chorégraphique, afin de mettre en avant la magie de la danse.

De nombreux peintres ont, dans leurs œuvres, peuplé la nature de personnages dansants. Certains chorégraphes ont concrétisé cette aspiration en donnant à leur danse un cadre naturel. C'est le cas notamment de l'américaine Isadora Duncan ou de Rudolf von Laban, au début du XXe siècle.
Camille Corot, *La Danse des Nymphes*, 1850. Paris, musée d'Orsay.

Dans *Signes*, de Carolyn Carlson, les ondulations fluides des robes des danseuses répondent aux majestueux coups de brosse du peintre Olivier Debré et à la magie de leurs couleurs. Le mouvement vivant des corps fait écho au geste arrêté de la peinture, qui sert de contrepoint dynamique plus que de décor. Opéra Bastille, 1997.

La participation au groupe et au corps de ballet

Sur scène, le danseur est vite confronté au groupe, le corps de ballet dans la danse classique, ou un simple ensemble de danseurs dans la danse contemporaine. Contrairement à certaines idées reçues, le groupe a une importance fondamentale pour le soliste. Celui-ci se sent tenu, mis en valeur par les autres danseurs qui donnent à ses mouvements toute leur ampleur et leur force. En même temps, le soliste doit tenir son corps de ballet, comme un chef avec son orchestre, car l'enjeu du spectacle est commun à tous les interprètes sur scène. La position de l'étoile n'est ni confortable, ni acquise, elle doit sans cesse se surpasser et entraîner les autres, pour qu'à leur tour ils la soutiennent.

Dans certaines pièces du répertoire classique comme

Roméo et Juliette, le nombre de protagonistes est réduit, et par conséquent le nombre de solistes aussi. Dans la danse contemporaine, cette répartition entre soliste et corps de ballet existe moins car la répartition des rôles est différente. Les chorégraphes utilisent mieux les danseurs et leur donnent plus d'opportunités. Chacun d'entre eux a en général un solo à effectuer, un duo, ou encore un trio, mais le support du groupe reste fondamental.

Le groupe est un support fondamental pour le danseur, qui peut y trouver un soutien et un appel à se dépasser. Dans les pièces classiques, le soliste et le corps de ballet s'entraînent mutuellement dans un échange continuel.
Le Lac des cygnes,
chor. Rudolf Noureev d'après Marius Petipa et Lev Ivanov,
Opéra Bastille, 1999.

La musique

Considérée comme l'une des clés de la danse, la musique dépasse parfois le simple rôle d'accompagnement. Lorsque je pense à une chorégraphie, la musique me permet d'imaginer l'univers dans lequel évolueront mes danseurs, même si la scénographie se met en forme dans le silence. Dans *Vita*, je souhaitais au départ que nous soyons une vingtaine sur scène, avec un groupe de femmes, un groupe d'hommes, une musique pour chacun des groupes, un duo, un trio, un solo. Le reste a été créé en fonction des mes écoutes musicales. Puis, lorsque le moment est venu de formaliser mes intentions, à l'aide de notes et de petits dessins scène par scène comme dans un *story-board*, j'ai travaillé sans musique. Celle-ci est à nouveau intervenue dans le studio au moment des répétitions.

Dans le répertoire classique, les partitions sont en général écrites au préalable. Transcription gestuelle de la musique, les mouvements suivent les notes et les rythmes de la partition. Certains chorégraphes ont poussé cette tendance à l'extrême. On disait de Noureev qu'il ne pouvait s'empêcher de faire un pas sur chaque note, parvenant à un résultat assez compliqué. Balanchine, qui travaillait beaucoup sur les musiques de Stravinski avec lequel il entretenait une merveilleuse complicité, cherchait à ce que ses interprètes « visualisent » la musique et traduisent sous forme de danse les instruments de musique ; une tâche ardue puisque dans les mouvements d'ensemble personne ne possède vraiment les mêmes « comptes ». Dans tous ces cas, la musique est un repère très précis pour le danseur, au-delà de son tempo personnel.

Partition musicale et chorégraphie entretiennent des relations qui confinent parfois à la correspondance amoureuse. L'une offre son rythme à l'autre, qui en retour lui donne chair. Igor Stravinski et George Balanchine illustrent parfaitement ce va-et-vient incessant entre la musique et la danse. Les deux créateurs se soumettaient mutuellement leurs projets, rivalisant de virtuosité et de technicité dans un défi toujours relancé, aboutissant le plus souvent à de véritables chefs-d'œuvre. Igor Stravinski (à gauche) et George Balanchine, New York, années cinquante.

Les compositions musicales peuvent aussi intervenir après la création de la chorégraphie. Des musiques répétitives comme celles d'Arvo Pärt, de Philipp Glass, de Wim Mertens, ou de René Aubry se prêtent particulièrement à cette forme de travail car elles créent une atmosphère plutôt qu'un fil conducteur. Parfois, avec Carolyn Carlson par exemple, j'ai même vu des chorégraphies changer d'environnement sonore après plusieurs représentations. Dans certains cas, assez rares, comme dans *Moves* de Jerome Robbins (1959), la danse se déploie seule, sans le support de la musique.

La musique va donc servir dans un cas de contrepoint à la danse, et dans l'autre de support plus directif. Les deux approches ont leur intérêt pour le danseur, même si j'ai tendance à préférer la première pour la liberté supplémentaire qu'elle apporte. Elle permet de donner plus de nuances aux rythmes.

Mais comme l'espace, la musique est double pour le danseur, qui doit d'abord – comme nous l'avons vu – trouver une musique intérieure. Et cela, avant même d'écouter la composition qui accompagnera ses mouvements. Le fil à plomb, la voix intérieure, cette fois dans leur dimension rythmique, liée à la respiration, constituent le premier support musical du danseur. Les notes interviennent plus tard. Lorsque l'accompagnement s'arrête et que le mouvement se trouve confronté au silence, même si c'est assez rare, c'est l'occasion pour le danseur de prendre conscience que seul son propre rythme peut le soutenir.

Enfin, la mémoire de la musique comporte de multiples implications. La connexion entre « ce qu'on entend » et « ce qu'on bouge » crée des automatismes, conservés en mémoire même après de nombreuses années.

Intimement lié à la musique, le ballet s'est défait avec peine de l'emprise de cette sœur ennemie. Car avant de trouver son indépendance, l'art chorégraphique servit longtemps d'illustration à des compositions musicales, et les rapports entre maîtres de ballet et compositeurs étaient parfois houleux. On distingue aujourd'hui deux tendances principales dans l'utilisation de la musique : elle peut guider les pas du danseur de manière directive, comme c'est souvent le cas dans les ballets classiques, ou constituer plutôt un environnement sonore qui vient habiller le rythme de la chorégraphie.
Edgar Degas, *Le Ballet de Robert le Diable*, 1871-1872. New York, coll. Havemayer.

Lorsqu'il doit se remémorer l'ordre de ses enchaînements, la musique sert d'aide-mémoire au danseur.

Le partenaire

Le rapport avec le partenaire constitue pour le danseur un appui essentiel. Ce rapport suppose une osmose totale sur scène. Même dans une relation violente ou de haine imposée par la narration, il est primordial que règne l'entente. Car d'une rencontre de deux mouvements singuliers doit naître la fusion de deux identités. Ensemble, séparément ou en adage, la communion du duo est une nécessité, qui peut sembler étonnante car à travers ce mouvement commun, on est toujours à la recherche de soi. Or, valoriser l'autre, échanger et se mettre au service du duo, donc du mouvement, favorise l'expression intime. Dans la danse, l'individualisme n'est pas un comportement recevable. Le lien avec le partenaire est un soutien considérable.

Mais ce lien très particulier ne peut exister que si les deux danseurs partagent une même vision de leur métier, une même façon de travailler, ce qui n'a pas nécessairement de rapport avec l'affection. À l'Opéra de Paris, j'ai eu des partenaires privilégiés. J'ai beaucoup dansé avec Patrick Dupond, Kader Belarbi et Nicolas Le Riche. Nous partageons beaucoup, surtout dans la façon d'aborder les personnages. Mais rentrent aussi en ligne de compte des affinités physiques et sensorielles très fines qui relèvent presque de l'alchimie.

Homme ou femme, le partenaire doit être comme un double de soi, très proche, avec qui le besoin de parler ne se fait plus ressentir. Le danseur possède une

*D*ans le tango comme dans un ballet classique ou contemporain, le couple de danseurs cherche l'entente la plus harmonieuse possible, une entente intuitive, grâce à laquelle les deux énergies fusionnent pour ne former qu'un seul mouvement. Cette osmose est plus que jamais nécessaire quand interviennent des portés. Photo du film *Tango Lessons*, 1996.

écoute de l'autre, acquise avec l'expérience, qui lui permet d'anticiper ses mouvements, au moment précis où il l'attend, en une entente instinctive.

La force du couple atténue l'angoisse du passage de l'espace rassurant du studio à l'« inconnu » de la scène. Les réactions articulées de l'un à l'autre permettent de parer aux problèmes éventuels. Si l'un part à droite, alors que ce n'était pas prévu, l'autre réagit immédiatement, d'autant plus facilement que l'entente est étroite et qu'il est en prise directe avec l'énergie de son partenaire.

Cette attention se travaille. Il m'arrive de demander par exemple à l'un de mes danseurs de laisser sa partenaire lui sauter dessus comme elle veut, puis de faire les mouvements qu'il souhaite sans qu'elle touche le sol. Les deux protagonistes sont obligés d'être très attentifs l'un à l'autre et d'apprendre à avoir confiance. Un point important lorsqu'on doit se laisser partir en arrière pour être rattrapé par son partenaire par exemple ou sauter dans ses bras ; sans confiance, c'est impossible.

UN ART COMPLET

L'une des spécificités de la danse est de se nourrir des autres arts. À travers l'évocation des supports sur lesquels elle s'appuie, j'ai fait quelques incursions dans des domaines artistiques différents, musique, vidéo, peinture, théâtre, littérature. Le cas de fusion des arts le plus célèbre est sans doute celui des Ballets russes de Serge de Diaghilev, dont Léon Bakst, Picasso ou Matisse signèrent les décors ou les costumes de quelques pièces, et Stravinski, Satie ou Debussy certaines partitions.

Dans le mouvement commun qui se construit avec le partenaire, le danseur trouve un prolongement à son expression. Mais pour que l'échange fonctionne, l'écoute de l'autre et la confiance mutuelle doivent être totales. D'autant que la scène peut modifier les rapports tissés dans le studio de répétition. Cette écoute passe par un ensemble d'affinités physiques et psychiques, qui se développent avec l'expérience.
M.-C. Pietragalla et N. Le Riche, *Giselle*, chor. Mats Ek.

Daphnis et Chloé, créé en 1912 par les Ballets russes de Serge de Diaghilev, illustra l'interaction entre danse, peinture et musique. Sur une partition très évocatrice de Maurice Ravel, les danseurs emmenés par Michel Fokine évoluaient dans les merveilleux décors évoquant la Grèce antique imaginés par Léon Bakst.
Léon Bakst, décor du premier acte de *Daphnis et Chloé*.

*M*ettant à contribution la quasi-totalité des arts, la danse a été un creuset d'expérimentations pour de nombreux artistes. Matisse, qui a peint la danse avec brio dans certaines de ses toiles, ne s'y était pas trompé en réalisant les décors du *Chant du rossignol* : les danseurs des Ballets russes ont pu ainsi donner vie à l'un de ses tableaux.
Le Chant du rossignol, chor. George Balanchine, musique Igor Stravinski, décor Henri Matisse, 1925.

Aujourd'hui, la danse est toujours à la croisée des chemins ; de grands artistes, musiciens, écrivains, plasticiens, sont mis à contribution. De jeunes chorégraphes, comme récemment Anne Teresa de Keersmaeker, font appel à des disc-jockeys qui élaborent leur prestation en direct, de façon plus ou moins improvisée, tandis que les danseurs prennent la parole sur des textes, comme ceux de l'écrivain allemand Peter Handke. De nouvelles formes de chorégraphies issues de mouvements populaires, comme le hip hop, viennent enrichir le vocabulaire de la danse et lui offrir de nouvelles perspectives.

« *U*n compositeur de danses doit réunir plusieurs connaissances glorieuses à l'art, mais qui le rendent très difficile. La poésie doit orner ses compositions, la musique les animer, la géométrie les régler, la philosophie en être le guide. La rhétorique lui enseigne à connaître, à réprimer, à émouvoir les passions, la peinture à dessiner les attitudes, la sculpture à former ses figures [...] il doit surtout étudier les différentes opérations de l'âme pour pouvoir les peindre par les mouvements du corps. [...] Un esprit vif, l'oreille fine, le jugement droit, l'imagination féconde, un goût sûr [...] sont des qualités rares dont il ne peut se passer. »

Lucien de Samosate, *Discours sur la danse*, 1861.

De haut en bas et de gauche à droite : Antony Tudor, Ruthanna Boris, Todd Bolender, Jerome Robbins, George Balanchine. New York, 1951.

LA DANSE COMME LANGAGE

« *J*e suis un chorégraphe : je crée un ballet au moyen de mouvements plastiques et rythmiques, je le transcris et je le livre au domaine public », résume Serge Lifar dans son *Manifeste du chorégraphe* en 1935. Ci-contre, dans une posture semblable à celle décrite par Lifar, William Forsythe guide ses interprètes pour *In the Middle, Somewhat Elevated,* présenté à Avignon en 1991.

UN GUIDE ESSENTIEL : LA CHORÉGRAPHIE

Sans le pivot central de la chorégraphie, la danse ne serait jamais parvenue à son développement actuel, à la force d'expressivité qui la caractérise et lui confère son statut de langage. Donnant une ligne de conduite aux mouvements du danseur, la chorégraphie effectue une synthèse complète entre tous les supports évoqués jusqu'à maintenant.

À l'origine de cette véritable partition pour mouvements, se trouve un homme, le chorégraphe qui tente à travers le matériau vivant des danseurs et de leurs gestes de transmettre une idée, un message, des émotions, à même de toucher un public. Pour parvenir à son but, il dispose en premier lieu des mouvements fondamentaux que j'ai abordés dans les parties précédentes. En les faisant évoluer progressivement, il génère sa propre gestuelle et son propre style. Celui-ci est bien sûr plus identifiable dans la danse contemporaine que dans le répertoire classique. Il est évident que dans un ballet de Marius Petipa, les libertés laissées au chorégraphe sont plus réduites.

Mais le chorégraphe – étymologiquement « celui qui écrit la danse » – est aussi celui qui détermine la scénographie, les costumes, et choisit la musique sur laquelle aura lieu la représentation.

La spécificité de la chorégraphie, par rapport à d'autres arts comme la peinture, l'architecture ou la musique, est de s'appuyer sur un matériau vivant, le danseur. Car même si, pour concevoir une œuvre, le chorégraphe part d'un thème qui lui est cher, il doit prendre en compte le caractère humain de ceux qui vont donner vie à cette œuvre. Maurice Béjart dit ainsi : « C'est dans la mesure où l'on cherche à comprendre la forme, le rythme et la volonté d'un corps que l'on risque de faire une œuvre qui apparaîtra originale. Le corps de l'interprète a toujours raison. Lorsque je dis le corps, c'est l'être entier, intuitif et spontané, et non pas la partie " raisonnante " du danseur. » Cette spécificité de la danse explique sans doute la nécessité absolue d'avoir été danseur pour devenir chorégraphe. Le célèbre Jean-Georges Noverre ne s'y était pas trompé lorsqu'il disait, dès 1760, que « C'est une erreur de penser qu'un bon maître de ballet puisse tracer et composer son message au coin du feu. Ceux qui travaillent ainsi ne parviennent qu'à des conceptions misérables. Ce n'est pas la plume à la main que l'on fait marcher les figurants. »

*M*aurice Béjart (né en 1927), au-delà des innovations formelles qu'il apporte à la danse – notamment par le costume, la présence masculine et l'intervention de la parole –, montre à un public plus large un art mal connu. Possédant un extraordinaire sens du spectacle, le chorégraphe français, avide de rencontres et de découvertes, mélange les genres et les thèmes en conservant un vocabulaire néoclassique accessible au grand public. Nombre de jeunes chorégraphes contemporains ont fait leurs premiers pas dans son sillage ou en interprétant certaines de ses œuvres majeures. Répétition de *Barocco bel canto*, chor. Maurice Béjart, théâtre des Champs-Élysées, 1997.

DU DANSEUR AU CHORÉGRAPHE

Passer du statut de danseur à celui de chorégraphe ne va pas sans difficultés, comme j'ai pu en faire l'expérience, mais il arrive un moment où l'on éprouve un besoin irrépressible de passer de l'autre côté de la barrière, pour penser à son tour la chorégraphie. Dans mon cas, ce passage fut sans doute lié au désir de réaliser une œuvre complète. Je ne voulais pas demeurer une interprète, qui n'a d'autre responsabilité que son propre jeu. J'éprouvais le désir d'élargir mon champ de vision sur la danse, de démultiplier mon point de vue à travers les danseurs de ma troupe, d'embrasser la scène dans son ensemble en dépassant ce regard qui guidait mes pas. Je voulais à mon tour transmettre mes émotions avec les lumières et les costumes, et non plus seulement avec le mouvement. Cela ne signifie pas que je ne prenne plus de plaisir à danser. Les deux rôles, pour complémentaires qu'ils soient, ne s'annulent pas, ce sont deux parties indissociables d'un même art. J'ai ressenti des joies aussi grandes comme interprète et comme chorégraphe, il s'agit de points de vue différents sur un même objet, la danse.

Le fait d'avoir à prendre en charge d'autres personnes dans la chorégraphie était aussi un moteur pour moi. La fonction de transmission est capitale, pour qu'un ensemble d'idées et de désirs se matérialisent sur une scène à travers le mouvement des danseurs. Je pense que lorsqu'on est chorégraphe, on donne davantage encore qu'en tant qu'interprète. Ce don supplémentaire est l'essence même de la chorégraphie, car une fois livrée aux danseurs elle échappe à son créateur, elle appartient aux danseurs qui la

Comme beaucoup de créateurs de ballets, George Balanchine fut un excellent danseur avant de devenir chorégraphe. Le chorégraphe cherche à transmettre une expression, un message ou une émotion personnelle à travers un médium vivant – les danseurs –, ce qui constitue à la fois la difficulté du métier et sa richesse. Cette spécificité lui demande une prise de distance par rapport à son expérience de danseur et un don de soi pour diriger les autres.

Zinaïda Sérébriakova, *George Balanchine*, 1922. Moscou, musée A. Bakhrouchine.

George Balanchine dirigeant Tanaquil Leclercq et Francisco Moncion, New York, 1951.

font vivre sur scène. Cette caractéristique est souvent angoissante car pendant la représentation, le chorégraphe est réduit à l'état de spectateur passif, il se sent impuissant, privé du recours habituel au mouvement dont bénéficie le danseur. Il découvre alors la façon dont les danseurs se sont approprié la pièce, ce qu'ils y ont apporté de personnel. Considérer la chorégraphie comme un don et non comme une propriété permet à une pièce de devenir une œuvre et de traverser les années sans prendre une ride. Dans certains cas, comme pour le *Giselle* de Mats Ek, le don de soi de la part du chorégraphe est tel que le ballet reste exceptionnel au fil des représentations, quels que soient les interprètes.

*A*u XVIIe siècle, le ballet privilégie les figures ; il s'intéresse plus à l'occupation de l'espace scénique qu'à l'action. Les mouvements sont simples, constitués plutôt de pas et de placements. Devant être distrayants et occupant le même rang que les machineries et les décors, ils sont dépourvus de ressort dramatique, réservé au chant et à la déclamation.
Giuseppe Bernardino Bison, *Les Masques*.
Trieste, museo civico Revoltella.

UN RÔLE QUI PEINE À S'IMPOSER

Pour bien saisir les enjeux actuels de la chorégraphie, il est important d'évoquer les grandes étapes et les grands noms qui ont marqué son histoire. Le chorégraphe n'a pas toujours été le démiurge que l'on connaît aujourd'hui. Au XVIIe siècle, à l'Académie royale de Louis XIV, ce sont les musiciens qui dirigent les ballets. Jean-Baptiste Lully, aujourd'hui plus connu comme compositeur, était aussi violoniste, danseur et chorégraphe. On lui doit notamment le fameux *Ballet de la nuit* (1653), composé de quatre « veilles » de trois heures, où Louis XIV apparaît dans son splendide costume de soleil levant lors du grand ballet final.

Encore très liée au théâtre et à la musique, la danse de cette époque peine à trouver ses marques, et le chorégraphe, appelé maître de ballet, est souvent chargé d'agrémenter de passages dansés une tragédie mise en musique. Beauchamps, qui fut le premier à être nommé maître de danse de l'Académie, eut plus d'une fois maille à partir avec Lully pour imposer ses idées.
Au XVIIIe siècle, la chorégraphie parvient à prendre ses distances avec la musique et la déclamation, notamment grâce à l'apport de la pantomime, qui fait entrer l'expression et le jeu dans le ballet. L'anglais John Weaver fut l'un des précurseurs de cette évolution ; avec des pièces comme *The Loves of Mars and Venus*, il prône une danse où l'expression naîtrait de chaque mouvement du corps. Moins lyrique, la danse devient plus virtuose et le chorégraphe réussit progressivement à s'imposer grâce à des personnalités fortes comme Hilferding, Angiolini, et enfin Noverre, dont les écrits marquent un tournant pour la chorégraphie. Dans ses *Lettres sur la danse*, en 1760, ce dernier s'insurge contre la vision mécaniste de la danse dans les ballets de l'époque, et défend la nécessité pour le danseur d'exprimer des émotions. Pour Noverre, le ballet doit être « en action », c'est-à-dire doté d'un moteur dramatique. La scène est un véritable tableau où le chorégraphe s'exprime avec les danseurs comme un peintre avec ses pinceaux. Pour ce réformateur, la danse doit puiser aux sources de la nature, et simplifier ses dispositifs. Ces principes le conduiront notamment à alléger les costumes, en utilisant des matériaux plus fluides qui mettent davantage en valeur le dessin du mouvement. Sous l'influence de Noverre, la danse s'affranchit du joug de l'opéra, dans lequel elle était englobée, et le chorégraphe trouve enfin son indépendance.

Dans *Les Noces de Pélée et de Thétis*, « comédie italienne en musique » composée par Caproli, créée en 1654 dans la salle du Petit Bourbon devant un parterre choisi, la danse est partie prenante. Les dix entrées de ballet, sans doute confiées à Mollier et Beauchamps, marquent le public par la magnificence des costumes d'Henri de Gissey et des décors de Giacomo Torelli. Le chorégraphe n'est à cette époque qu'un exécutant parmi d'autres sous les ordres du compositeur. Cependant, la passion sans bornes de Louis XIV pour la danse, qu'il prat que « à l'excès » aux dires de son médecin, donnera une impulsion au ballet qui trouvera peu à peu son indépendance. Dans *Les Noces de Pélée et de Thétis*, le Roi-Soleil tient six rôles différents, dont celui du dieu Apollon.
Henri de Gissey, *Les Noces de Pélée et de Thétis*, costume de Furie. Paris, musée Carnavalet.

Double page suivante :
On retrouve dans les sculptures d'Antonio Canova comme une image arrêtée des principes essentiels du romantisme, la moralité, l'érudition, l'idéalisme, l'unité, la variété, l'ordre, la cérémonie, l'expression, la conscience dramatique, la grâce, le sublime, le merveilleux, une quête de la perfection et de l'harmonie à laquelle contribua avec panache son ami Salvatore Vigano dans le domaine de la chorégraphie.
Antonio Canova, *Amour et Psyché*, détail, 1792.
Paris, musée du Louvre.

Las des dieux de l'Olympe et des livrets ampoulés, le public du XIXe siècle demande à la danse plus de sentiments. *La Sylphide*, créé en 1831, est emblématique du courant romantique qui s'exprime aussi à travers la danse. L'intégralité du dispositif scénique, costumes, lumières et décor, est en harmonie avec le ballet, baigné dans une atmosphère de rêve. Dans *Les Sylphides* (1909), le chorégraphe Michel Fokine rend un hommage moderne et abstrait au personnage éthéré de la Sylphide.

L'APOGÉE DU ROMANTISME

Dans le sillage de Noverre, le ballet d'action se développe, sous l'impulsion de chorégraphes comme les frères Gardel, Didelot, ou encore Vigano. Les premiers créent la *Dansomanie* (1800), dans laquelle les héros antiques habituellement mis en scène sont remplacés par des personnages contemporains, bourgeois, militaires, paysans. Le deuxième participe, pendant près d'un quart de siècle, à l'évolution du ballet russe et à la restructuration de l'école impériale de Saint-Pétersbourg. Le dernier, grand ami du sculpteur Canova, fait évoluer le rôle du corps de ballet, qui doit désormais développer à son tour une expression propre et ne plus se contenter d'être un faire-valoir pour les mouvements des solistes.

Le tournant du XIXe siècle et les changements qui l'accompagnent, dans la société et les arts, ont d'importantes répercussions dans la danse. Lassés par les dieux antiques qui dominent la scène depuis la Renaissance, les chorégraphes font appel à des personnages qui délaissent la raison pour l'émotion et les

L'inoubliable Carlotta Grisi, qui créa *Giselle* en 1841, fut l'une des premières ballerines « vedettes » du ballet romantique. Dans *La Péri*, dont le livret fut écrit par Théophile Gautier, elle incarne la reine des Péris, êtres surnaturels passant des rêves d'un prince oriental à la réalité pour semer le trouble dans son esprit. Tous les éléments du ballet romantique sont présents : mouvements de danse virtuoses, illusion poétique, l'amour entre un esprit et un mortel, la mort ambivalente et mystérieuse. John Brandard, Carlotta Grisi dans le ballet de *La Péri*, 1844.

passions. Le chorégraphe cherche désormais à illustrer les aspirations, la pensée et l'esthétique de son époque. Les codes s'assouplissent, vers plus de fluidité et de poésie dans les gestes.

Le ballet emblématique de cette période charnière, qui mène la danse de l'âge classique au romantisme, est *La Sylphide*, créé en 1831 à Paris. La technique de la pointe y fait son apparition, sublimée par l'interprète principale Marie Taglioni. La danseuse semble s'affranchir des lois de la pesanteur, elle s'élève, tourne, donne toute leur grâce aux arabesques. La période romantique voit l'émergence des étoiles, telles Fanny Elssler ou Carlotta Grisi, véritables stars de leur époque, qui éclipsent les chorégraphes. Les hommes n'ont bientôt plus que des rôles mineurs. Heureusement, August Bournonville, d'origine française mais vivant à Copenhague, leur consacre une part importante de son répertoire ; celui-ci fera la renommée de l'école danoise. On lui doit également la chorégraphie la plus connue de *La Sylphide*, en 1836, qui fera oublier la première, celle de Filippo Taglioni. S'y déploie le feu d'artifice du style romantique, avec force mouvements de pieds, de pointes, d'arabesques et de sauts.

*F*rançais invité à la cour des tsars de Russie, Marius Petipa (1818-1910) renouvelle le vocabulaire épuisé du romantisme et marque l'histoire de la danse avec un répertoire de compositions à la fois très construites et spectaculaires (*Le Lac des cygnes*, 1895), où les grandes ballerines de la fin du siècle peuvent exercer leur virtuosité.
Sergueï et Nikolaï Legat, caricature de Marius Petipa, fin du XIXe siècle.

MARIUS PETIPA
OU LES BASES DU CLASSIQUE

Suite au déclin des ballets blancs du romantisme, les scènes sont envahies de spectacles divertissants à la gloire du progrès, et les danseuses s'occupent davantage de faire étalage – voire commerce – de leurs charmes que de faire progresser leur art. La chorégraphie se limite à une succession de mazurkas, valses, galops et autres prouesses – à l'exception des pièces d'Arthur Saint-Léon. Il faut attendre l'accession de Marius Petipa à la tête des ballets impériaux de Russie, en 1862, pour retrouver des compositions dignes d'intérêt et renouer avec la tradition de l'école française de ballet.

Le chorégraphe, qui fait de son pays d'accueil sa seconde patrie, signe un nombre impressionnant de compositions, dont la plupart appartiennent aujourd'hui au répertoire de la danse classique : *La Bayadère*, *La Belle au bois dormant*, *Le Lac des cygnes*, qui n'avait connu jusque-là qu'un succès mitigé, ou encore *Raymonda*. Chez Petipa, la danseuse retrouve la virtuosité des pointes, tandis que le corps de ballet forme des ensembles harmonieux. Les trente-deux fouettés effectués par la ballerine Pierina Legnani dans *Cendrillon* servent encore aujourd'hui de référence. En plus d'une grande rigueur technique, le chorégraphe témoigne d'une attention soutenue pour la musique, qu'il souhaite fondre avec la danse, imposant au compositeur son découpage, son minutage et son tempo. Lorsqu'il prend sa retraite en 1903, ses élèves effectuent le chemin en sens inverse, de la Russie vers la France, pour apporter un nouveau souffle à l'art chorégraphique.

*P*ièce incontournable interprétée par la plupart des compagnies, *Le Lac des cygnes* (1895) doit son succès autant à la musique de Tchaïkovski qu'à son thème allégorique mettant en scène les forces du bien et du mal. Les prouesses techniques exigées par la chorégraphie de Marius Petipa et Lev Ivanov et exécutées par la danseuse virtuose Pierina Legnani ont contribué au succès de ce ballet devenu une référence classique.

Le Lac des cygnes, chor. Rudolf Noureev d'après Marius Petipa, Opéra Bastille, 1994.

BAKST
1912

Le XXe siècle qui survient, plus que tout autre, est marqué par l'empreinte de grands chorégraphes qui ont, chacun à leur manière, contribué au renouvellement et à l'évolution des règles tirées de l'héritage classique consolidé par Petipa. Sans les décrire tous, je brosserai un portrait rapide de ceux qui ont eu une influence sur mon travail et m'ont aidée à franchir les étapes difficiles de l'apprentissage de la chorégraphie.

NIJINSKI OU L'AVANT-GARDE MAUDITE

J'aimerais d'abord évoquer la figure emblématique et teintée de mystère de Nijinski. Lorsqu'il arrive à Paris avec la troupe des Ballets russes de Serge de Diaghilev, il n'est encore qu'un jeune danseur de vingt ans formé dans la tradition classique du Théâtre impérial de Saint-Pétersbourg. Son succès est immédiat, les chroniques de l'époque ne tarissent pas d'éloges sur sa légèreté et sa virtuosité. Ses rôles phares, l'esclave de *Shéhérazade*, l'esprit du *Spectre de la rose*, *Pétrouchka* (1911), restèrent longtemps gravés dans les mémoires. Mais c'est en tant que chorégraphe plus encore que comme danseur que Nijinski défraya la chronique et laissa une marque indélébile dans l'histoire de la danse, éclipsant certains de ses contemporains parmi lesquels Michel Fokine, dont les chorégraphies servirent pourtant son talent.

L'héritage relativement restreint de Nijinski est composé de quatre pièces, assez courtes, mais d'une intensité incomparable et dont l'influence fut énorme, permettant l'émergence d'une danse d'avant-garde, suivie ensuite par tout le courant de la danse contemporaine. Dans *L'Après-midi d'un faune*, qui fit scandale lors des premières représentations au théâtre du

Passionné de peinture, de musique et d'opéra, Serge de Diaghilev (1872-1929), à la fois impresario et « producteur » de génie, crée en 1909 les Ballets russes qui fascinent, voire choquent le public parisien, en créant une forme nouvelle de spectacle chorégraphique à l'origine du ballet moderne. Diaghilev s'entoure d'artistes prestigieux qu'il parvient à faire travailler dans une symbiose rarement atteinte : Debussy, Borodine, Stravinski, Bakst, Picasso, Cocteau et surtout Fokine et Nijinski, à qui la troupe doit son succès définitif, se croisent sur la scène ou dans les coulisses des fameux ballets.
Léon Bakst, *Le dieu bleu*, programme des Ballets russes en mai-juin 1912.

Châtelet en 1912, Nijinski modifie totalement les règles établies. Tous les mouvements sont vus de profil, et mettent l'accent sur les angles dessinés par les membres et sur les équilibres, dans une tentative, très audacieuse pour l'époque, pour rendre expressive chaque partie du corps. Avec *Jeux*, qui ne rencontra guère le succès malgré la partition de Debussy, le chorégraphe change totalement de registre, s'inspirant de gestes de tennis et d'autres sports. La même année, Nijinski s'illustre avec *Le Sacre du printemps*, que j'ai eu la chance d'interpréter, sur une musique d'Igor Stravinski. Une fois de plus, il s'efforce de repenser totalement le mouvement afin de servir au mieux l'intrigue du livret, qui dépeint une Russie primitive où la fertilité perdue est retrouvée grâce au sacrifice d'une jeune vierge. Les positions, traditionnellement en dehors, se tournent vers l'en-dedans, les sauts s'aplatissent pour renforcer l'atmosphère pesante et la difficulté à s'arracher à sa condition. Les mouvements d'ensemble jouent sur des asymétries, jusqu'au point culminant du sacrifice où la symétrie réapparaît. La danse de l'Élue est proprement convulsive et ne ressemble en rien à ce qu'on avait alors coutume de voir dans un ballet. Dans sa dernière pièce, *Till Eulenspiegel* (1916), le danseur-chorégraphe renoue avec la virtuosité qui a fait sa gloire, mais dans un registre teinté de moquerie et d'indépendance.

Ayant basculé dans la folie en 1919, Nijinski ne put malheureusement poursuivre son œuvre expérimentale, ni achever ses projets sur les œuvres de Jean-Sébastien Bach ou sur la *Valse de Méphisto* de Franz Liszt. Les documents et les témoignages qui subsistent nous permettent néanmoins de prendre la mesure de son génie et de s'inspirer de son œuvre novatrice.

Après avoir envoûté le public par ses interprétations exceptionnelles dans les ballets chorégraphiés par Michel Fokine, où il semble voler au-dessus du sol, Vaslav Nijinski (1890-1950) passe à la chorégraphie. Il défraie la chronique par ses entorses aux conventions habituelles et rencontre une hostilité marquée d'une partie du public. Certains, comme Rodin, savaient pourtant apprécier ses talents de novateur : « Dans aucun autre rôle, Nijinski n'est aussi merveilleux et admirable que dans *L'Après-midi d'un faune*. [...] Tout son corps exprime ce que dicte son esprit. Il possède la beauté des fresques et des statues antiques. » *L'Après-midi d'un faune*, chor. Vaslav Nijinski, 1912.

Martha Graham et la modern dance américaine

À la même époque, de l'autre côté de l'Atlantique, émergent des chorégraphes en rupture totale avec les credo traditionnels de la danse classique. Le précurseur de ce mouvement, qui prend rapidement le nom de *modern dance*, est Isadora Duncan, qui prône la liberté de mouvement du corps et remet au goût du jour la tunique antique des Hellènes. À peu près au même moment, deux autres chorégraphes américains, Ruth Saint Denis et Ted Shawn, tentent d'ouvrir une nouvelle voie et fondent une école, le Denishawn (1915). Très marqués par la danse orientale, ces deux pionniers s'efforcent chacun à leur manière de rénover le langage chorégraphique, en utilisant les bras, les épaules et le tronc dans des mouvements jusqu'alors impensables. Tandis que Ruth Saint Denis cherche dans la danse une forme d'art religieux, Ted Shawn crée le premier ballet exclusivement masculin, où les performances athlétiques côtoient un grand dépouillement.

C'est sous la coupe de ces deux maîtres du début du siècle qu'émerge la figure majestueuse de Martha Graham, dans un ballet toltèque baptisé *Xochitl*. Dès 1926, la jeune femme fonde sa propre compagnie où elle a toute liberté pour développer ses préceptes, tant en matière de chorégraphie que d'enseignement. Oubliant rapidement le décorum de Ruth Saint Denis, elle conserve pourtant et intègre dans son vocabulaire les positions accroupies ou agenouillées des danses orientales, qu'elle exploite notamment dans son solo *Lamentation* (1930). Enveloppée dans un tissu élastique, elle y danse la détresse d'une femme.

La chorégraphe adopte bientôt un style austère, empreint d'une quête de spiritualité et d'une exploration des mystères de l'âme humaine. Elle donne souvent à ses pièces une forme théâtrale, notamment dans ses transpositions des grands mythes antiques comme *Phaedra* en 1962. Sa danse ne vise pas à dépeindre un idéal mais à être un véritable acte de vie ; ce point de vue me semble essentiel, je m'efforce de le mettre en pratique et de le faire partager. C'est grâce à ses enseignements que j'ai pu, à l'instar de bien d'autres, comprendre l'importance de la colonne vertébrale pour le danseur, qui structure son énergie autour de cet axe.

Prêtresse austère de la *modern dance* américaine, Martha Graham (1894-1991) ne quitte la scène qu'après cinquante-trois ans de carrière. Possédant un sens dramatique exceptionnel, la chorégraphe puise ses thèmes dans les tourments humains et se nourrit de lectures psychanalytiques. Son vocabulaire chorégraphique fluide intègre des innovations majeures comme les chutes au sol suivies de rétablissements spectaculaires.
Portrait de Martha Graham, vers 1940. Washington, National Portrait Gallery, Smithsonian Institution.

*C*horégraphe américaine aux goûts éclectiques et au vocabulaire novateur, Martha Graham ressentait la nécessité de transmettre aux générations futures le patrimoine de la danse : « Je prends au présent et au passé glorieux – et je me tiens dans l'obscurité du futur telle une glorieuse et joyeuse voleuse. – Il y a tant de merveilles de l'imagination à piller – je me tiens donc au banc des accusés. – Je suis une voleuse – mais à cette réserve près – je connais, je crois, la valeur de ce que je vole et je le conserve précieusement non pas comme une possession mais comme un héritage, un legs. »
Sketches from Chronicle,
chor. Martha Graham,
Maison des Arts de Créteil, 1995.

Ernst Klausz

*R*eprésentante de l'expressionnisme allemand, la danseuse et chorégraphe Mary Wigman (1886-1973) fut parmi les premières à utiliser les instruments à percussions. Parfois qualifiés de danses « barbares », ses ballets connurent un succès marquant en Allemagne et aux États-Unis.
Ernst Klausz, *Mary Wigman dansant*, 1927.

*É*nergique et violente, la danse libre de Mary Wigman illustre les tensions qui accablent l'Allemagne de l'entre-deux-guerres, frappée du souvenir de la défaite de 1918 et touchée par une crise économique sans précédent. Marquées par l'introspection, ses chorégraphies cherchent à révéler l'âme humaine dans une ligne dépouillée et tragique. Radicale dans son propos, elle dépersonnalise volontiers ses interprètes en les enveloppant dans des étoffes qui gomment leurs formes et en dissimulant leurs visages derrière des masques qui transmettent un trait majeur du personnage joué.
Totendanz, chor. Mary Wigman, 1925.

MARY WIGMAN
OU L'ANGOISSE EXPRESSIONNISTE

Émergeant dans le sillage de Rudolf von Laban et de la danse d'expression, qui fait de l'émotion l'origine de tout mouvement, Mary Wigman se distingue de son maître par la mise en scène de solos étonnants, comme sa *Danse de la sorcière*, en 1914, qu'elle interprète assise et masquée. Affleurent déjà les composantes essentielles de ses œuvres : la violence, le rêve, l'étrange, que l'on retrouve dans tout le courant expressionniste allemand de cette époque. Wigman privilégie les vêtements sombres, les lumières crues et les ombres portées. Ses danseurs portent des masques qui figent l'expression en l'accentuant ou les déshumanisent, tandis que résonnent les percussions. Qualifiée de barbare par certains de ses contemporains, la danse de Mary Wigman est avant tout un concentré d'énergie et de violence tout à fait en phase avec les temps troublés dans lesquels elle vit. Prônant une danse libre qui rompt radicalement avec la danse classique, la chorégraphe permet aux danseurs d'exprimer leur individualité, parti-pris beaucoup plus courant aujourd'hui.

ERIK BRUHN,
LE RENOUVEAU MASCULIN

Erik Bruhn est issu de la prestigieuse École royale de danse du Danemark, qui a su préserver l'héritage de Bournonville et notamment la place importante des danseurs masculins dans le ballet, quand la plupart des institutions européennes l'avaient fait disparaître. Première étoile masculine émergente après la Seconde

Guerre mondiale, Bruhn met tout son talent au service d'un des préceptes fondamentaux de Bournonville : atteindre à la grâce de la poésie par la simplicité du mouvement. Malgré une carrière fulgurante, le danseur ne se satisfait pas de sa position et expérimente de nouvelles voies en tant que chorégraphe, utilisant notamment les jeunes talents de la danse contemporaine pour revivifier le ballet classique. Dans sa chorégraphie du *Lac des cygnes* en 1967, il réécrit le rôle du prince en lui octroyant une forte personnalité et une place centrale dans le ballet. Ce merveilleux danseur tirait de la scène « le sentiment indescriptible d'être partout et nulle part » et « d'être universel ».

George Balanchine, le corps fait musique

Danseur dans les Ballets russes de Serge de Diaghilev, George Balanchine connaît un premier succès en tant que chorégraphe avec son *Apollon Musagète*, en 1928. Sa démarche est d'emblée affirmée : le danseur doit transformer le son en mouvement. Cette position est opposée à celle de Serge Lifar, un de ses anciens partenaires, pour qui la danse doit au contraire s'affranchir du joug de la musique. S'inscrivant dans une ligne néoclassique, dans l'esprit de ces maîtres de l'école russe que furent Saint-Léon et Petipa, Balanchine ne s'interdit pas pour autant d'innover, notamment avec ses agenouillements ou ses arabesques sur jambe pliée. Il émigre aux États-Unis en 1934 et fonde la School of American Ballet, où il peut à loisir créer son répertoire, qui compte près de cent cinquante ballets lorsqu'il s'éteint en 1983. On se souviendra par exemple de *Thème et Variations* (1947), de *Concerto Barocco* (1951), de *Agon* (1958) ou de *Violin Concerto* (1972). Volontiers abstrait (*The Four Temperaments*, 1946), même si le classicisme n'est jamais très loin, le style de Balanchine est sophistiqué, fondé sur une grande vitalité, la souplesse et les phrasés. Au sein du New York City Ballet, il développe les mouvements d'ensemble au point que chacun des danseurs finit par acquérir une virtuosité d'étoile. Entretenant une collaboration privilégiée avec Stravinski, il impose à ses danseurs de se fondre dans la musique afin de l'exprimer par leurs mouvements.

Créé en 1958 sur une partition de Stravinski, *Agon* est l'une des pièces les plus emblématiques du répertoire de Balanchine. Inspirée en partie des ballets de cour français, elle mêle avec fluidité tradition et modernité, froideur et érotisme, et culmine avec le duo qui clôt la deuxième partie de la composition.
Agon, chor. George Balanchine, 1993.

Jerome Robbins, de Broadway à Hollywood

Après avoir dansé pour l'American Ballet Theatre, Jerome Robbins s'illustre avec *Fancy Free* en 1944, où il dépeint les frasques de trois marins durant une brève escale à terre. Bien que très révélatrice de son époque, cette pièce a su conserver une certaine justesse dans la clarté de son langage chorégraphique. En 1948, Robbins quitte le Ballet Theatre pour rejoindre le New York City Ballet de Balanchine, où les deux hommes cohabiteront en bonne intelligence pendant plus de trente ans. Son travail est complémentaire de celui de Balanchine, mais Robbins est plus enclin au rêve et à la poésie, comme en témoignent *The Cage* ou

*R*ares sont les chorégraphes qui, comme l'américain Jerome Robbins (1918-1998), ont réussi à concilier une œuvre à la fois populaire et techniquement exigeante. D'une précision extrême, il construit des rôles détaillés dans lesquels ses interprètes doivent s'ajuster avec minutie, qu'il s'agisse de pièces créées pour Broadway, comme *Peter Pan* ou *West Side Story*, ou pour le New York City Ballet – où il travaille en compagnie de George Balanchine – comme *The Cage* ou *Glass Pieces.*
West Side Story, réal. Robert Wise, chor. Jerome Robbins, 1960.

Afternoon of a Faun, ainsi qu'à l'humour comme le démontre avec brio *The Concert*. Empreintes d'un style où voisinent le jazz et l'académisme, les pièces du chorégraphe sont toujours marquées par une grande attention portée au détail. Avec lui, rien n'est laissé au hasard, et l'interprète doit se plier à des règles très strictes et répondre très précisément à sa demande. *Glass Pieces*, sur une musique de Philip Glass, est une pièce révélatrice de la complexité et de la profondeur structurelle de son travail. La maîtrise de Robbins fut aussi appréciée à sa juste valeur par l'industrie cinématographique d'Hollywood, avec laquelle il collabora à plusieurs reprises, notamment en 1957 pour *West Side Story*, dont il régla les chorégraphies.

MERCE CUNNINGHAM OU LA RUPTURE DE L'ABSTRACTION

D'abord danseur chez Martha Graham, Merce Cunningham ne tarde pas, dès les années cinquante, à prendre ses distances avec la fondatrice de la *modern dance*. Chez lui, la remise en cause des codes va encore plus loin que chez ses maîtres, qui avaient conservé de la tradition classique la perspective frontale du théâtre à l'italienne, l'argument, la coordination avec la musique, les décors et les costumes. Pour Cunningham, qui travaille en collaboration avec le compositeur John Cage et le peintre Robert Rauschenberg, deux artistes eux aussi en rupture avec les canons de leur art, la danse doit être porteuse de son propre sens. Cette réflexion s'inscrit dans la révolution conceptuelle qui frappe l'ensemble des pratiques artistiques du XXe siècle, et privilégie l'abstraction face à la narration. Utilisant certaines bases classiques, qu'il maîtrise parfaitement, le chorégraphe les détourne au profit d'une démultiplication des points de vue, plus en phase, selon lui, avec le monde moderne. Il dissocie les mouvements de la musique, que les danseurs découvrent parfois au moment des représentations. Pour un danseur, travailler avec Cunningham apporte énormément. Le travail de répétition et l'investissement demandé aux interprètes requièrent une part importante d'introspection et de réflexion sur les ressources de la danse et du corps. Pourtant, je doute parfois de l'accessibilité de certaines pièces et je m'interroge sur cette voie ouverte par l'abstraction pure, où une certaine déshumanisation semble inévitable tant l'expression des sentiments est reléguée loin de la danse.

« Le monde est autour de nous, pas seulement devant. Dans la rue, nous devons constamment changer la direction de notre regard ; c'est pareil pour la danse ; plusieurs séquences peuvent se dérouler simultanément. Chaque danseur est un centre qui se déplace à travers l'espace ; cela crée une situation libre où tout change perpétuellement. » (Merce Cunningham.)
Exchange, chor. Merce Cunningham, Théâtre de la Ville, 1991.

Comptant parmi les premiers hommes à intégrer la compagnie de Martha Graham, Merce Cunningham (né en 1919) fut d'abord un interprète exceptionnel. Prenant ses distances avec la *modern dance* et les principes théâtraux de la danse au début des années cinquante, il signe ses premières chorégraphies qui marquent un tournant décisif dans l'histoire de l'art chorégraphique en ouvrant la voie de l'abstraction.
Son combat contre les conventions admises rencontre celui de ses compatriotes et amis John Cage pour la musique et Robert Rauschenberg pour la peinture, avec lesquels il collabore régulièrement.
Martha Graham et Merce Cunningham, 1948.

SEVI

Marcia Haydée, le feu du Brésil

Ballerine au tempérament hors du commun, la brésilienne Marcia Haydée fait un rapide passage dans le Grand Ballet du marquis de Cuevas de Monte-Carlo avant de rejoindre le Ballet de Stuttgart sous la direction de John Cranko. Possédant un remarquable sens du jeu, Haydée excelle dans les rôles féminins empruntés à l'histoire ou à la littérature, auxquels elle donne un réalisme et une puissance saisissants. Il faut aussi souligner la confiance qu'elle témoigne à ses partenaires, notamment Richard Cragun, et l'aisance exemplaire dont elle fait preuve dans ses jetés et ses tombés. Avec Haydée, la danse exprime dans le mouvement les sentiments les plus profonds de l'âme. Directrice artistique du Ballet de Stuttgart à partir de 1976, elle a encouragé de nombreux jeunes talents, parmi lesquels certains chorégraphes contemporains désormais incontournables, comme William Forsythe. Garante d'un style néoclassique pur, en opposition avec le courant allemand plus moderne emmené par Pina Bausch, elle a signé quelques chorégraphies, notamment une version de *La Belle au bois dormant* et de *Giselle*, ainsi que *Enas*, un spectacle écrit pour son ancien partenaire Richard Cragun.

Roland Petit (né en 1924) a contribué à renouveler la danse française au lendemain de la Seconde Guerre mondiale avec des chorégraphies vivantes où, dans un état d'esprit proche de celui des Ballets russes, il témoigne d'un intérêt marqué pour les arts plastiques et la littérature et fait appel à des grands noms pour signer ses décors ou inspirer ses livrets. Avec *Carmen* (1949), à l'érotisme marqué, incarnée par Zizi Jeanmaire – sa compagne et égérie –, il accède à une reconnaissance internationale qui ne s'est pas démentie jusqu'à aujourd'hui.
M.-C. Pietragalla et K. Belarbi, *Carmen*, chor. Roland Petit, Opéra de Paris, 1990.

Roland Petit et la nouvelle école française

Formé sous les auspices de Serge Lifar à l'Opéra de Paris, Roland Petit sait s'entourer très tôt d'artistes émérites comme Boris Kochno ou Christian Bérard. Au théâtre des Champs-Élysées, il crée notamment, en 1946, *Le Jeune Homme et la Mort*, sur un argument de Jean Cocteau. Fondées sur des thèmes ou des histoires tirés le plus souvent de la littérature, ses chorégraphies sont éminemment narratives et témoignent d'un sens poussé de la construction, chaque détail revêtant une importance capitale. Il encourage ses principaux interprètes à donner le meilleur d'eux-mêmes, libérant une sensualité exacerbée. Le style de Petit s'appuie sur une forte base classique mais utilise aussi les en-dedans ou certains gestes tirés de la vie quotidienne. La tonalité générale est très théâtrale, et le rôle des solistes est privilégié au détriment du corps de ballet. Roland Petit a dit de la danse qu'elle était « le choc de la musique, le choc des pas et le choc de la lumière ». Fondateur du Ballet national de Marseille en 1972, il a développé un riche répertoire (*L'Arlésienne, Le Chat botté, Le Diable amoureux* ou encore *Camera Obscura*), tissant un pont entre classicisme et modernité et faisant appel à de prestigieux solistes capables d'assumer la complexité technique de ses créations.

L'INCLASSABLE MAURICE BÉJART

Après un court passage dans la compagnie de Birgit Cullberg à Stockholm, Maurice Béjart (né en 1927) passe rapidement à la chorégraphie, et défraie la chronique dès 1955 avec sa *Symphonie pour un homme seul*, sur une musique concrète de Pierre Henry et Pierre Schaeffer. D'inspiration néoclassique, le chorégraphe déconstruit la narration et met l'accent sur le désir et la communion. Ses œuvres allient des influences musicales et littéraires multiples et trahissent une certaine fascination pour les cultures orientales. Les thèmes récurrents de Béjart sont l'amour, le

« C'est merveilleux de se trouver avec un danseur qui a envie de travailler avec vous. Vous êtes épris du travail que vous allez réaliser en commun et participez ensemble à ce que vous élaborez. Le danseur est la pâte à modeler, le chorégraphe le sculpteur. Quand la rencontre est réussie, c'est un travail où l'on s'enrichit soi-même au contact d'un corps et d'un esprit qui sont vos matières premières, on apprend à les découvrir, à les connaître pour finalement faire participer le danseur à la création. » (Roland Petit, *Un chorégraphe et ses danseurs*, Plume, 1992.)
Roland Petit, répétition de *Clavigo*, Opéra Garnier, 1999.

pacifisme, la supériorité de l'intuition et l'importance de la religion. Son travail chorégraphique fait appel à la fois à une grande maîtrise technique et à des aptitudes dramaturgiques : si ses ballets sont souvent composés de séquences indépendantes, celles-ci sont cependant reliées par une trame dramatique forte.

Des pièces aussi marquantes que son *Boléro* ou son *Sacre du printemps* (1959), où le primitivisme du corps se mêle à un classicisme concis, ont largement contribué à sensibiliser un public plus large aux enjeux de la danse moderne et ont influencé nombre de jeunes chorégraphes. Au-delà des considérations stylistiques, je voudrais insister sur l'attention toute particulière, et assez rare, dont témoigne Béjart pour ses interprètes, qu'il considère davantage comme des individus que comme des instruments.

Béjart emprunte l'idée du *Boléro*, créé en 1960, à la danseuse Nijinska (sœur de Nijinski), qui en 1928 avait eu l'idée de percher une danseuse sur une table pour mieux capter l'attention du public. Reprenant ce principe, y ajoutant la musique répétitive de Ravel, le chorégraphe pousse l'érotisme à son comble et signe l'un de ses plus grands succès.
J. Donn, *Boléro*, chor. Maurice Béjart, Palais des Congrès de Paris, 1988.

PINA BAUSCH ET L'ANGOISSE CONTEMPORAINE

Élève de Kurt Jooss, fondateur de l'école de danse de Essen, Pina Bausch (née en 1940) travaille un temps à New York, notamment avec Antony Tudor, avant de revenir en Allemagne pour produire ses premières chorégraphies. Son style très expressif fait appel à l'intuition et à la personnalité des danseurs de sa troupe, le Tanztheater de Wupperthal, qu'elle dirige depuis 1973. Synthèses magnifiques des influences allemandes et américaines, les pièces de Pina Bausch s'articulent autour de l'incommunicabilité, de la place laissée à l'amour, au désir, au sexe, à la peur et à la solitude. Hantée par la mort, elle livre, à travers des œuvres non narratives, une image saisissante, et volontiers critique, de notre société. N'hésitant pas à faire intervenir texte, sketches et autres éléments inhabituels dans la danse moderne, elle contribue grandement à renouveler la grammaire de la danse, et influence toute une génération de jeunes chorégraphes. Ses œuvres, *Le Sacre du printemps*, *Barbe-Bleue*, *Komm, tanz mit mir !*, ou encore *Café Müller*, sont autant de références majeures dans la chorégraphie de ces dernières années.

John Neumeier, une élégance épurée

Américain basé à Hambourg, Jonn Neumeier (né en 1942) s'inscrit dans la tradition néoclassique de Balanchine, mais a su emprunter certains éléments à la *modern dance* américaine, ainsi qu'aux comédies musicales pour enrichir son vocabulaire chorégraphique. Fortement influencé par John Cranko, le chorégraphe conçoit principalement des ballets narratifs tirés d'œuvres littéraires, mais évite les écueils du classicisme en optant pour des décors très contemporains. Volontiers oniriques, voire lyriques, ses chorégraphies laissent transparaître sa passion pour la danse et la foi profonde qui l'anime, comme en témoigne sa bouleversante *Passion selon Saint-Matthieu* (1981), sur une musique de Jean-Sébastien Bach.

La condition humaine est au cœur de chaque chorégraphie de Pina Bausch, et la force voire la violence du propos ne laisse aucun spectateur indifférent. À l'opposé du divertissement, la danse de Pina Bausch est une interrogation poignante sur la vie et les difficultés qu'elle nous pose. Avec *Nelken* (*Les Œillets*), la chorégraphe fait une fois de plus la démonstration de son sens aigu de l'espace et de l'impact visuel en recouvrant la scène d'œillets. Une esthétique dépouillée qui s'anime à mesure que les danseurs déploient leurs mouvements éclatés. Théâtre de la Ville, 1989.

William Forsythe, le nouveau souffle classique

Formé à l'école du Joffrey Ballet à New York, l'Américain William Forsythe (né en 1949) monte ses premières chorégraphies, en 1976, à Stuttgart en Allemagne, pays d'adoption où il signe par la suite de nombreuses créations. D'obédience classique, Forsythe pourrait presque être considéré comme le fils spirituel de Balanchine, tant il parvient avec le même brio à intégrer des éléments contemporains comme le funk, la *break dance* ou les danses africaines au vocabulaire classique, qu'il s'efforce de détourner voire de pervertir afin de lui donner un second souffle. L'un des éléments les plus marquants du style de Forsythe est sans doute le déplacement de l'équilibre dans les positions classiques, souvent suivi de chutes ou d'abandons, d'autant plus saisissants et expressifs. La danse est mise en valeur par les costumes, réduits au minimum, et les dispositifs scéniques.

Mais plus encore que le vocabulaire technique qu'il emploie, c'est son rapport à la musique qui distingue Forsythe de Balanchine. Ici le mouvement prime, et la musique, souvent répétitive – le Hollandais Thom Willems est son compositeur de prédilection –, ne sert qu'à appuyer l'impulsion du danseur, mû par une dynamique personnelle. Volontairement abstraites, les œuvres du chorégraphes ne cherchent pas à exposer une rhétorique gracieuse, mais à rendre compte de la diversité des rapports humains contemporains. On retiendra notamment *In the Middle, Somewhat Elevated*, *New Sleep* (1987) ou *As a Garden in this Setting* (1993).

Le langage chorégraphique de William Forsythe réussit une synthèse originale entre le vocabulaire classique qu'il possède parfaitement et qu'il déstructure par l'emploi de la vitesse, des déséquilibres et des cassures, et les innovations formelles de la danse contemporaine comme le déplacement du point de vue, l'improvisation, le recours au hasard, les interactions avec le texte et le théâtre.
In the Middle, Somewhat Elevated, chor. William Forsythe, théâtre du Châtelet, 1991.

Carolyn Carlson

Chorégraphe américaine d'origine finlandaise, Carolyn Carlson (née en 1943) s'est illustrée comme soliste dans la troupe d'Alwin Nikolaïs, avant de rejoindre en 1971 la compagnie éphémère d'Anne Béranger. En 1974, elle est nommée étoile-chorégraphe de l'Opéra de Paris, et fait souffler un vent insolite sur la respectable maison. À travers elle et le Groupe de recherche de l'Opéra de Paris, qu'elle a fondé, toute une génération de jeunes danseurs classiques ont découvert la danse contemporaine et observé d'un œil plus critique l'enseignement qu'ils recevaient. Elle a notamment créé *Sablier Prison*, *Wind, Water, Sand*, *This, That*. En 1980, elle s'installe pour quelques années dans la prestigieuse Fenice de Venise et signe l'un de ses chefs-d'œuvre, *Blue Lady*. Puis elle revient en France, où elle collabore régulièrement avec le Théâtre de la Ville. Le style de Carlson est caractérisé par son incroyable capacité d'improvisation, dont j'ai pu tirer de riches enseignements. Sa grande liberté et sa curiosité l'ont conduite à reculer les limites du langage chorégraphique, tout en conservant de grandes exigences techniques et une pureté inégalable. Particulièrement sensible à la poésie, à la psychologie, à la musique, l'œuvre de Carlson parvient à réaliser cette synthèse si délicate entre une certaine abstraction relevant du domaine des idées et les réalités du monde matériel.

Teinté d'un certain onirisme, l'univers de Carolyn Carlson a introduit la danse contemporaine à l'Opéra de Paris, où elle a permis à toute une génération de danseurs de s'émanciper du dogme classique.
C. Carlson, *L'Orso et la luna*, chor. Carolyn Carlson, 1983.
C. Carlson, *Blue Lady*, chor. Carolyn Carlson, Théâtre de la Ville, 1984.

Jiri Kylian

Sans doute le tchèque Jiri Kylian (né en 1947) tient-il une partie de l'étonnante vitalité qui anime ses spectacles de sa première formation de gymnaste, qu'il

abrège à l'âge de vingt ans pour se former au Royal Ballet de Londres. Remarqué par John Cranko, il rejoint en 1968 le Ballet de Stuttgart, où il s'illustre rapidement comme chorégraphe. En prenant la tête du Nederlands Dans Theater, il achève de s'émanciper de l'influence de son maître, et marque de sa propre empreinte l'histoire de la chorégraphie. D'une vitalité et d'une inventivité extraordinaires, le style de Kylian ne semble rien devoir à ceux qui l'ont précédé, même s'il repose sur des bases néoclassiques. Volontiers teintés d'une certaine spiritualité, ses ballets semblent jaillir naturellement dans un mouvement commun avec la musique, et transmettent avec force les sentiments, qu'ils soient de l'ordre de la tristesse ou d'une joie explosive. Curieux insatiable, Kylian ne se satisfait jamais de ses trouvailles chorégraphiques et n'hésite pas à se remettre continuellement en question. Son intérêt pour les danses aborigènes, autour desquelles il a travaillé dans *Nomades*, *Stamping Ground* et *Dreamtime*, en est une preuve, comme la fondation de deux compagnies complémentaires de sa compagnie principale. Le NDT 2 a ainsi vu le jour pour permettre l'éclosion de jeunes talents, tandis que le NDT 3 offre à des interprètes *senior* la possiblité de continuer à faire évoluer le langage chorégraphique, quand d'autres compagnies les auraient contraints à la retraite.

L'HISTOIRE EN MARCHE : MAGUY MARIN, JOSEPH NADJ, ANNE TERESA DE KEERSMAEKER, MARYSE DELENTE, CLAUDE BRUMACHON, MATS EK...

Formée à l'école « béjartienne » de Mudra, Maguy Marin a rapidement trouvé son autonomie. Fondant sa première compagnie à vingt-six ans, elle s'illustre en remportant le concours de Bagnolet, ce qui lui vaut d'obtenir une résidence pour sa compagnie à Créteil, et de se distinguer rapidement avec *May B* (1981). Dans cette pièce, inspirée de l'œuvre de Samuel Beckett, se retrouvent déjà les principaux éléments d'un style empreint de vitalité où cohabitent avec beaucoup de bonheur les réflexions sur le geste et sur le sens. Son univers ironique et souvent sombre ne l'a pas empêchée de rencontrer un succès appréciable auprès d'un public nombreux, et elle a largement contribué à la découverte et au développement de l'avant-garde française. Sa pièce *Cendrillon*, créée pour le Ballet de Lyon en 1985, a fêté sa centième représentation au City Center de New York – une prouesse suffisamment rare dans la danse contemporaine pour qu'elle mérite d'être soulignée.

L'éclectisme de Joseph Nadj, à la fois comédien, danseur et chorégraphe, l'a naturellement orienté vers des formes particulièrement novatrices de ballets. Se rapprochant par certains aspects du surréalisme, le travail du chorégraphe allie l'humour à la rigueur dans des pièces oniriques aux dispositifs très imaginatifs. Ses incursions hors du domaine réservé de la danse l'ont mené récemment vers le cirque, un univers qui me

Le chorégraphe Jiri Kylian, à travers des œuvres énergiques et inventives, remet inlassablement en question son statut, celui de la danse et même des institutions.
Stamping Ground, chor. Jiri Kylian, Aix-en-Provence, 1995.

Œuvre la plus célèbre de Maguy Marin, *Cendrillon* détourne les canons habituels de la danse. Les personnages de Perrault, arborant costumes de plastique et masques, basculent dans l'univers étrange d'une maison de poupée.
Cendrillon, chor. Maguy Marin, Lyon Opéra ballet, 1985.

touche particulièrement. Ses pièces les plus connues sont *Canard pékinois* (1986), *Le Cri du caméléon* (1996) ou *Les Commentaires d'Habacuc* (1997).

La chorégraphe belge Anne Teresa de Keersmaeker a indirectement succédé à Maurice Béjart – chez qui elle avait effectué un rapide passage dans sa jeunesse – à la tête du Théâtre de la Monnaie de Bruxelles. Elle a marqué ces dernières années par des productions aussi mémorables que *Rosas danst Rosas* (1983), *Stella* (1990) ou *Achterland* (1991). Réussissant la synthèse du minimalisme américain de Lucinda Childs et de l'expressionnisme allemand de Pina Bausch, son style est caractérisé par un lien étroit avec la musique, jouée le plus souvent en direct sur la scène, et avec le texte, qui fait régulièrement son apparition sous forme écrite ou parlée. D'une vitalité parfois retenue, ses compositions sont en prise directe avec la réalité.

Comptant parmi les premières œuvres de la chorégraphe belge, *Fase* est basée sur des musiques répétitives de Steve Reich. Saisies par la scansion hallucinante de la partition, les danseuses évoquent par leurs gestes répétés les rites des derviches tourneurs. *Fase (four movements to the music of Steve Reich)*, chor. Anne Teresa de Keersmaeker, Théâtre de la Ville, 1992.

Avant de prendre la tête des Ballets du Nord en 1995, Maryse Delente fut une admirable soliste du Ballet de Lyon. Elle est marquée par la figure de l'américaine Martha Graham, dont elle a interprété plusieurs œuvres et avec laquelle elle partage certains questionnements tourmentés. Qu'elle décortique le classique *Giselle* dans sa *Giselle ou le mensonge romantique* ou qu'elle se frotte à une pièce majeure comme *Le Sacre du printemps*, où elle fait exploser la sensualité de ses danseuses, la chorégraphe explore la féminité dans une gestuelle énergique et rigoureuse d'une grande expressivité.

Chorégraphe de l'énergie, Claude Brumachon déploie un style violent et sensuel où l'improvisation tient une place importante. Sans être une fin en soi, les étirements extrêmes et les chutes auxquels le chorégraphe soumet ses interprètes viennent étayer une recherche du mouvement pur, que certains taxent à tort de maniérisme. S'appuyant exclusivement sur la danse, Brumachon cherche à faire émerger l'expression de tous les mouvements du corps, avec des pièces comme *Texane* (1987) ou *Lames de fond* (1992).

La chorégraphie française connaît un renouveau très éclectique à partir du début des années quatre-vingt, avec l'apparition en province de nombreux centres chorégraphiques dirigés par de jeunes créateurs talentueux comme Jean-Claude Gallotta, Karine Saporta, Maguy Marin ou encore Maryse Delente, dont l'énergie sensuelle apporte un éclairage nouveau sur des grands classiques tels que *Don Quichotte* ou *Le Sacre du printemps*.
Don Quichotte, chor. Maryse Delente, Ballet du Nord, Roubaix, 1997.

*L*es œuvres de Claude Brumachon mettent le corps à rude épreuve : mouvements heurtés et chutes se succèdent dans un déploiement d'énergie phénoménal.
Humains dites-vous !,
chor. Claude Brumachon,
Avignon, 1998.

Fils de la danseuse et chorégraphe suédoise Birgit Cullberg, Mats Ek (né en 1945) est sensibilisé très tôt à la danse. Il garde une rigueur classique qu'il met à profit dans la chorégraphie d'œuvres souvent tirées du répertoire académique, dont il livre des versions très maîtrisées et volontiers iconoclastes. Dans sa *Giselle* (1982), que j'ai déjà eu l'occasion d'évoquer, l'action du ballet romantique est transposée dans l'univers inquiétant de l'hôpital psychiatrique, lui donnant une tonalité très contemporaine qui transcende le rôle principal. Les préoccupations sociales ne sont jamais absentes des chorégraphies de Ek, sans pour autant gommer l'onirisme nécessaire à la danse.

*T*entant de concilier les apports du vocabulaire contemporain avec les bases classiques, le suédois Mats Ek a signé quelques chorégraphies remarquables, dont un *Lac des cygnes* (1987), une *Belle au bois dormant* (1996) et surtout une époustouflante *Giselle* (1982). Dépoussiérant le livret de ses artifices trop datés, le chorégraphe propulse l'héroïne de Théophile Gautier dans un univers moderne en prise avec notre actualité, tout en conservant cette valeur universelle des grands ballets. M.-C. Pietragalla, *Giselle*, chor. Mats Ek, Opéra Garnier, 1994.

Double page suivante :
*L'*argument des ballets classiques est mis en forme dans le livret, référence narrative du chorégraphe et du danseur. Inspirés des grands classiques de la littérature ou écrits spécialement pour des ballets, les livrets font appel à des situations et à des émotions types connues du plus grand nombre. L'adhésion du public est ainsi immédiate et vaut aux grandes pièces classiques de connaître un constant succès. *La Bayadère*, chor. Rudolf Noureev d'après Marius Petipa, Opéra Garnier, 1998.

*C*hez Merce Cunningham, plus qu'un thème, c'est un questionnement sur les fondements mêmes de la danse qui sous-tend l'enchaînement des mouvements. Dans une série d'entretiens, il explique comment, pour casser l'espace toujours pensé en tant que « perspective de scène », c'est-à-dire orienté frontalement, face aux spectateurs, il a décidé d'« ouvrir l'espace » et de « le considérer en tout point égal », laissant à ses interprètes la tâche difficile d'explorer ce principe. Aussi intéressante qu'elle soit pour le danseur sur un plan technique, cette pratique abstraite de la danse peut demeurer hermétique pour une grande partie du public qui exige des repères plus concrets. Franz Kline, *Merce Cunningham*, 1961. États-Unis, National Museum of American Art.

Thème ou narration, les bases du langage chorégraphique

Quand la danse devient langage grâce à la chorégraphie, elle s'appuie souvent sur le principe de narration. La narration est plus qu'un support : elle est fréquemment à l'origine même de la chorégraphie. C'est une pensée déroulée, qui dans le théâtre, la littérature ou le cinéma peut prendre une forme discursive mais qui est ici transcrite à travers les mouvements et l'occupation de l'espace.

Car hormis quelques compositions purement abstraites, le danseur intervient sur scène pour « raconter une histoire » ou développer un thème – que celui-ci reflète des sentiments ou des préoccupations sociales – et non pour exécuter des mouvements coupés de toute signification. La trame narrative permet au public d'appréhender plus facilement les affects transmis, et au danseur de donner plus de corps au personnage qu'il incarne, ou à l'humeur, à la situation qu'il interprète.

La narration me semble nécessaire dans la danse comme dans la vie, où la vérité n'émerge que si l'on se « raconte » et que l'on est « raconté ». L'abstraction pure recherchée par certains me paraît être une forme désincarnée, sans prise avec l'humain ; elle limite les possibilités de proximité entre le spectateur et le danseur. La danse ne peut se suffire à elle-même et doit sans cesse rechercher une entente avec le public. La narration permet d'amorcer ce lien.

LE JEU

La trame narrative prend tout son sens avec le jeu de l'interprète. Le danseur doit prêter une grande attention à son personnage pour restituer toute la portée du message qu'il essaie de transmettre. Lorsque je travaille une pièce, une fois les mouvements mémorisés, je les oublie pour me consacrer au personnage. Ce travail se rapproche de celui du comédien, les mouvements tenant lieu de mots. Il faut s'immerger dans des situations qui ne seront identifiées que grâce aux gestes.
Lorsqu'il s'agit d'une pièce du répertoire, le danseur dispose de livrets établis : il peut lire l'histoire avant de découvrir ce que le chorégraphe propose d'en faire. Certains, comme Noureev, restent très collés au texte, tandis que d'autres, comme Mats Ek dans son *Giselle*, vont très loin dans le décalage de la transcription chorégraphique. Le second acte de ce ballet quitte en effet l'univers surnaturel pour être transposé dans celui de l'hôpital psychiatrique. L'héroïne devenue folle parvient à s'ouvrir aux autres – ce qui est une façon d'évoquer le thème de l'amour universel. Mais même dans le cas où le chorégraphe s'éloigne de l'histoire de départ, il est important d'en avoir connaissance pour donner toute sa consistance au personnage. Il ne peut s'agir non plus de calquer l'écrit, il faut l'utiliser là où il tombe juste et conserve une actualité qui défie les âges. Dans *Giselle*, l'essentiel est de saisir l'enjeu de l'amour pour la jeune femme, et le sentiment de trahison qu'elle éprouve quand elle apprend que l'homme aimé est promis à une autre. Tout en étant portés par la narration, ces sentiments la dépassent et atteignent une dimension universelle.

Le jeu dramatique donne à la danse un souffle de vie indispensable. Sans lui, l'interprète est semblable à une enveloppe désincarnée. Comme au théâtre, le danseur s'approprie les traits et les postures d'un personnage, oubliant le temps d'une représentation sa propre personnalité.
Martin Drolling, Portrait présumé de N. Baptiste dans le rôle d'Horace, fin XVIIIe-début XIXe siècle. Caen, musée des Beaux-Arts.

Double page suivante :
Dans sa dernière pièce, *Till Eulenspiegel*, Nijinski eut recours à un style proche du théâtre dansé, où le jeu, comique et désinvolte, tenait une place prépondérante. Les journalistes de l'époque, en 1916, vantèrent autant la maîtrise du danseur Nijinski que son génie d'acteur.
P. Dupond, *Till Eulenspiegel*, chor. Vaslav Nijinski, Opéra Garnier, 1993.

Dans *Parade*, Léonide Massine bouscule, par sa chorégraphie novatrice et controversée, la tradition du ballet romantique. Les mouvements des danseurs empruntent autant au théâtre qu'à la vie quotidienne. Jean Cocteau, l'auteur de l'argument, décrit ainsi le personnage de « La petite fille américaine », qui incarne la conscience moderne : « La petite fille monte un cheval de course, roule à bicyclette, tremble comme un film sur l'écran, imite Charlie Chaplin, poursuit un bandit avec un revolver, boxe, danse le rag-time, va se coucher. »
L. Lopokova, la petite fille américaine dans *Parade*, chor. Léonide Massine, 1917.

Le livret ou, à défaut, l'intention du ballet donne les lignes directrices du rôle qu'interprète le danseur, mais celui-ci peut, par son jeu, renforcer certains traits psychologiques du personnage.
Feuilles d'automne, chor. Anna Pavlova, 1918.

drölling. pt. 1803.

Dans bien des cas, le personnage interprété par le danseur peut lui sembler très éloigné de sa propre personnalité. Lorsque j'ai dansé dans *Camera Obscura* de Roland Petit, tiré d'un roman de Nabokov, j'étais très troublée d'avoir à incarner une femme diabolique, calculatrice et dénuée d'humanité. Dans un autre registre, ma conception de Juliette dans *Roméo et Juliette* est assez différente de la vision traditionnelle. Ma Juliette n'a rien d'une femme soumise, elle prend son destin en main et apparaît beaucoup plus mature que son amant. Là aussi, l'interprète, même s'il respecte le personnage et lui donne vie, dispose d'une marge de liberté pour délivrer un message plus personnel.

Lorsqu'il s'agit d'une création contemporaine que je ne connais pas et qui ne possède pas d'argument, la recherche du rôle se fait avec le chorégraphe. Les méthodes et les enjeux sont sensiblement différents, mais une fois le mouvement trouvé, une fois que l'on possède ses lignes, les mettre au service d'un personnage ou simplement d'une attitude, d'un état d'esprit ne change pas grand-chose. Dans une pièce comme *In the Middle, Somewhat Elevated* de William Forsythe, le danseur n'incarne pas un personnage en particulier, mais plutôt une présence qui se déploie en ayant recours à la géométrie du corps et à la trace laissée dans l'espace.

L'OFFRANDE DU CHORÉGRAPHE AU PUBLIC : LA REPRÉSENTATION

Communiquer, jouer ne prend un sens que si l'on s'adresse effectivement à quelqu'un d'autre, et pas seulement à ses partenaires ou à sa troupe. Le rôle du public, maillon final qui entre en jeu avec la représentation, revêt une importance considérable. Car c'est lui qui doit recevoir et comprendre le message que l'on transmet, c'est lui qui doit ressentir cette émotion que l'on fait jaillir du corps et des mouvements. La danse devient langage lorsqu'elle « parle » littéralement au public, et permet d'entrer en communion avec lui. Souvent malléable et prêt à suivre le danseur dans son univers imaginaire, le public lui est nécessaire pour que son message prenne tout son sens et sa portée.

DU CRÉATEUR VERS L'INTERPRÈTE : LA COMMUNION DU STUDIO

La transmission du chorégraphe au danseur est une donnée fondamentale puisqu'elle permet à ce dernier de se couler dans l'expression d'un autre. Le danseur doit être disponible et prêter sa force aux désirs du chorégraphe afin de leur faire prendre vie. Il doit s'approprier une gestuelle et la faire sienne, tout en respectant un style qui lui est étranger. C'est pourquoi il est important, avant de travailler avec un nouveau chorégraphe, de s'efforcer d'oublier ce que l'on sait. Il faut s'ouvrir et se mettre au service de la nouveauté pour laisser émerger une gestuelle qui paraisse fluide. Certains styles peuvent correspondre mieux que d'autres à l'interprète, certaines gestuelles semblent difficiles à apprivoiser, mais seul un esprit d'ouverture

La relation qui se tisse entre le danseur et le public est complexe. Ce dernier attend de l'interprète qu'il l'emporte dans un monde imaginaire de mouvements et d'émotions. Aussi faut-il le séduire tout en restant fidèle à ses engagements, sans céder à la facilité du succès.
Dame Laura Knight, *Le Salut*. Londres, coll. part.

Il y a pour la plupart des danseurs une fièvre de la scène, au-delà du trac, qui provoque une attirance irrésistible pour le contact avec le public. Ce phénomène est en grande partie dû au sentiment de communion parfois très fort qui s'installe entre la salle et le plateau. Suivi et littéralement porté par des milliers de regards, le danseur a la sensation d'échapper à la condition humaine ordinaire.

Ina Petrova, *Spartacus*, chor. Iouri Grigorovitch, théâtre du Bolchoï, 1994.

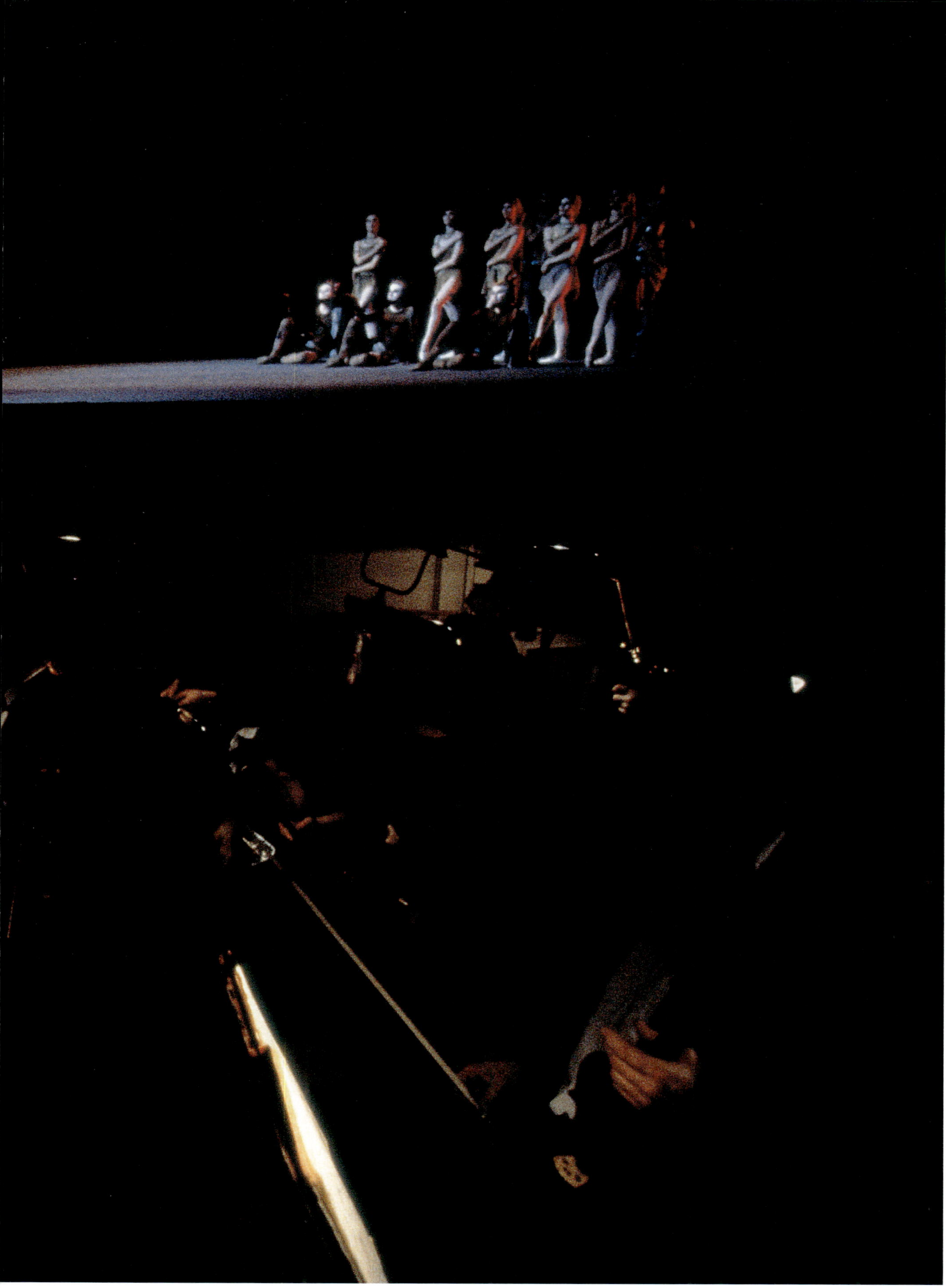

George Balanchine a cherché à transmettre à ses danseurs sa passion pour la musique : « L'amour de la musique, chez certains d'entre nous, est si intense que nous ressentons comme une blessure la moindre atteinte à son empire. Pourtant, dans de nombreux cas, le ballet peut nous enseigner une façon nouvelle d'aimer la musique. À la structure d'une symphonie, à l'orchestration d'un morceau, nous n'attachons pas nécessairement un intérêt immédiat. Mais, à force d'assister à des spectacles de danse, nous pouvons à la longue y trouver de l'attrait. La danse est toujours tournée vers la musique, elle la met en valeur, elle lui donne une importance visuelle. Dès la minute où l'œil prend du plaisir, l'oreille commence à écouter plus attentivement. »

George Balanchine, répétition d'*Orpheus*, New York, années soixante-dix.

et de disponibilité peut conduire à un résultat satisfaisant. Par exemple, dans une pièce de William Forsythe, la difficulté pourra provenir des positions extrêmes vers lesquelles il pousse les mouvements classiques, et du jeu incessant entre déséquilibre et équilibre. Pour rentrer dans une de ces pièces, il faut donc oublier le credo classique et intégrer progressivement les déséquilibres auxquels on est sans cesse confronté. Avec Claude Brumachon, chez qui les repères classiques sont quasi inexistants, le danseur doit intégrer le langage corporel créé par le chorégraphe, fondé sur la rapidité, la respiration et l'énergie. Pour parvenir à la violence de certains mouvements, en particulier les tombés au sol, il faut se laisser aller totalement, s'en remettre au chorégraphe et saisir son fonctionnement.

Cette transmission entre créateur et interprète s'épanouit dans le studio de répétition au cours des longues séances qui précèdent une représentation. Pour le danseur, le studio est souvent un moment plus magique encore que la scène, car il est en prise directe avec le chorégraphe et avec la matière artistique en formation. L'interprète et le chorégraphe s'apportent mutuellement beaucoup. Avec Carolyn Carlson, au moment de *Don't Look Back*, les échanges ont été tellement enrichissants que j'ai eu le sentiment de construire une pièce avec elle, même si c'était elle qui donnait la ligne conductrice du synopsis. Les éléments de départ de la chorégraphie étaient d'ailleurs assez simples. Il s'agit de la vie d'une femme, une sorte de voyage accéléré dans le temps. Dans la première partie, elle est jeune et découvre le monde qui l'entoure ; la seconde explore la fin de sa vie, sa vieillesse, ses angoisses, ses doutes, sa peur de la mort. Une poupée l'accompagne, qui représente dans la première partie l'homme qu'elle aime, puis devient dans la seconde un double d'elle-même. Dans les deux cas, la poupée a aussi valeur de conscience. À partir de ces éléments, la chorégraphie a peu à peu pris corps. Je me suis approprié le solo, et j'ai progressivement laissé se détacher des morceaux de moi. Les rapports entre nous étaient fondés davantage sur un échange que sur une transmission unilatérale ; sans doute parce que Carolyn Carlson avait pris conscience de la dualité particulière qui m'habite, et qu'elle me donnait à explorer un univers très proche du mien.

Transmission et mémoire

Dans la difficile entreprise de mémoire qu'exige la danse, le cinéma nous a beaucoup apporté. J'ai toujours trouvé très instructif et plaisant de revoir d'anciens films sur la danse ou sur des interprètes qui ont marqué leur époque. C'est une façon de s'interroger sur soi et sur sa pratique. Bien sûr, le cinéma a ses limites : même s'il restitue le mouvement, il reste une image privée de vie, de cette présence physique qui donne tout son intérêt à la danse. Mais comme outil de mémoire et d'apprentissage, il reste incomparable. Sans lui, je n'aurais pas eu la chance d'admirer l'incroyable Maïa Plissetskaïa, ou encore Natalia Makarova, Jorge Donn, Laetitia Gradamazov, Andrew Gabet, Carmen Laura, interprètes qui m'ont beaucoup influencée et dont j'ai beaucoup appris.

Néanmoins, même si le cinéma ou plus récemment la vidéo nous apportent une aide formidable, ils ne remettent pas en cause ce mode de transmission privilégié qu'est la mémoire des danseurs. Car c'est ce passage de flambeau d'une génération à une autre qui donne à la danse toute sa vitalité et son énergie.

L'oralité et le contact entre danseurs, à l'œuvre depuis des siècles, ont permis à l'art chorégraphique de rester une matière vivante que les interprètes et chorégraphes d'aujourd'hui ont le devoir de perpétuer en la faisant évoluer. Car ce qui est étonnant dans la transmission de la danse, c'est qu'une grande partie du savoir n'est pas directement formulé ; il s'observe. C'est pourquoi rien n'est plus important que de voir un maître ou d'autres danseurs interpréter un mouvement.

L'enseignement de Noureev à l'Opéra de Paris m'a permis d'acquérir une technique mais aussi de prendre conscience des réalités de ce métier et de l'engagement qu'il nécessite. Aujourd'hui, je ne peux pas prendre un cours ou répéter un rôle du répertoire sans me remémorer les mots de Noureev, ses méthodes de travail, ses attitudes. Même si les rapports humains avec lui étaient parfois difficiles, son apport est considérable pour la génération de danseurs dont je suis issue. Par-delà la technique, il nous transmis un amour, une véritable passion de la danse. C'est le contact avec des maîtres de cette envergure qui donne au danseur le désir de se dévouer à son tour corps et âme à cet art.

La transmission entre danseurs est certainement meilleure aujourd'hui que par le passé : jadis, certaines étoiles gardaient jalousement leur secrets pour ne pas être « détrônées ». L'arrivée de la danse contemporaine a nettement modifié l'approche par les danseurs de la transmission. Ne partant pas d'un répertoire existant, les chorégraphes ont dû expliquer leur ballet et diriger les danseurs un peu comme des acteurs. L'état d'esprit aussi a changé, les jeunes générations de danseurs et de directeurs de compagnie ont aujourd'hui l'envie de transmettre, d'imprimer leur marque dans une histoire vivante plutôt que dans un souvenir sacralisé.

La constitution d'un répertoire, la naissance d'un patrimoine

Grâce à cette mémoire en action, la danse génère un répertoire qui se transmet jusqu'à constituer un patrimoine vivant en permanente mutation. Comme les racines étymologiques facilite la compréhension des mots, les chorégraphies du passé, même lorsqu'elles ne sont plus représentées, permettent de mieux comprendre la danse d'aujourd'hui et ses enjeux. L'évolution de la danse contemporaine n'aurait pas été possible sans ces génies qui ont marqué le siècle de leur

empreinte. Certaines pièces ont vieilli, tout en conservant un intérêt historique, mais d'autres, comme la plupart des ballets classiques de Marius Petipa, continuent de faire sens et d'être représentées malgré leur âge.
Je pense que dans le domaine du répertoire, la danse doit trouver un juste milieu. Elle doit garder ce qui fait sa force par rapport à d'autres arts : la vie qui est en elle et qui passe par le corps des danseurs ; cela implique d'évoluer, de modifier les règles pour que celles-ci servent au mieux les enjeux de notre époque. Mais elle doit accomplir cette tâche difficile sans amnésie, pour bénéficier de toute l'ampleur de son histoire. Je pense par exemple qu'il n'est pas nécessaire de modifier la chorégraphie des grands ballets classiques, qui sont magnifiques, mais qu'un certain « dépoussiérage » des œuvres peut apporter un surplus de liberté et de vie.
Au cours de ce siècle, la danse, comme la société, a subi de profondes transformations. Lorsque je suis entrée à l'Opéra de Paris en 1973, les grands chorégraphes contemporains étaient Roland Petit et Maurice Béjart. Les noms de Cunningham et de Nikolaïs étaient parvenus à nos oreilles sans que l'on connaisse vraiment leur travail. En 1983, Noureev est arrivé dans la maison, apportant un nouveau souffle. À la même époque, nous découvrions Forsythe, les centres chorégraphiques se créaient, et de jeunes talents comme Jean-Claude Gallotta, Maguy Marin, Claude Brumachon ou Dominique Bagouet émergeaient. En une génération, la danse a énormément évolué, et l'on enseigne aujourd'hui la danse contemporaine à l'Opéra de Paris. Mais cette formidable ouverture d'esprit n'a été possible qu'en intégrant sans le renier ce passé dans lequel nous étions immergés.

Double page précédente :
La transmission de la danse a toujours posé problème. Comment retranscrire un art qui fait intervenir l'espace, les sensations, la dimension temporelle, et emprunte aux autres arts ? Des chorégraphes se sont penchés sur la question, inventant plusieurs méthodes de retranscription, dont aucune ne s'est vraiment imposée jusqu'à présent. Aussi l'essentiel de la transmission s'effectue-t-elle par l'oral et l'exemple, dans l'espace privilégié du studio. Art vivant, la danse ne s'apprend pas sur le papier, même si elle laisse des traces écrites.
H. Fletcher, *Sarabande*, 1729. Londres, British Library.

S'inscrire dans un patrimoine lorsqu'on relève par essence de l'éphémère n'est pas facile. Sans la reprise continuelle de ballets du répertoire et de pièces contemporaines majeures, il n'est pas possible d'envisager une histoire de la danse, même si la vidéo permet de restituer le mouvement.
M.-C. Pietragalla et C. Jude, *Le Lac des cygnes*, chor. Rudolf Noureev d'après M. Petipa et L. Ivanov, Opéra Bastille, 1994.

Compte tenu de son rapport au temps présent – celui de la représentation – et de sa difficile transcription, la danse constitue un patrimoine culturel en perpétuelle évolution.
La représentation qui fut faite de *Parade* lors de sa création est sans doute très éloignée de celles qui ont été données par la suite – même quand le livret d'origine a été scrupuleusement respecté et les mêmes costumes repris –, ne serait-ce qu'à cause de la spécificité de chaque danseur. Il n'existe donc pas de « vrai » *Parade*, comme il existe de vrais tableaux enfermés dans les musées, et pourtant ce ballet appartient à notre patrimoine.
E. Vu An, *Parade*, chor. d'après Léonide Massine, théâtre du Châtelet, 1991.

S
P

*L*orsqu'il maîtrise la technique au point de la faire oublier, le danseur laisse la place à l'« homme qui danse ». Le corps de Ted Shawn (1891-1972) s'inscrit dans l'espace comme un trait d'énergie, comme un éclair de danse. De la même manière, le savoir et le travail disparaissent derrière la formidable aisance de Fred Astaire (1899-1987). Génie bondissant, il « était LA danse » aux yeux de George Balanchine.

L'HOMME QUI DANSE

Au-delà de la scène, au-delà des techniques, le danseur cherche dans la danse un langage véritable qui, comme les autres arts, tend à exprimer une émotion indicible, plus proche d'une certaine essence de la vie. L'accomplissement ultime de cette recherche tient pour moi dans la position de l'homme qui danse. Cette figure du danseur total, qui relève plutôt d'une disposition d'esprit, n'est que progressivement révélée à l'interprète au cours de sa carrière. S'il sait tirer parti de ses rencontres, s'il renonce aux facilités de son parcours, le danseur accédera à cette nouvelle condition.

Apprendre la distance, quitter la position du danseur

L'une des premières clés de cet accomplissement personnel est la distance. La différence, qui pourrait paraître minime mais qui pour moi est fondamentale, entre le danseur professionnel et l'homme qui danse, tient à la distance que ce dernier instaure face aux événements, à son travail, aux autres. Cette prise de recul passe par une connaissance intime des relations et des moteurs humains.

Me distancier de la « ballerine » m'a permis de devenir une femme au service de la danse, dans toute son humanité, ses sentiments, ses joies, mais aussi ses failles. Pour transcrire la vie, il faut la connaître, y être sensible et donc s'éloigner d'une position étroite de danseur. Une position d'autant plus inconfortable qu'elle devient difficile et contraignante à mesure que les années passent, et pourrait presque paraître inhumaine. Ce qui impose au danseur de faire passer plus d'humanité dans la pratique de son art. C'est sans doute pour cette raison que j'aime autant le travail de chorégraphe de Carolyn Carlson, Pina Bausch, Maguy Marin ou Maryse Delente, chez qui l'affect est primordial. Du côté des hommes, mes préférences vont à Baryshnikov et Fred Astaire, deux danseurs exceptionnels qui savent dépasser la technique et les clichés pour aller à l'essentiel et devenir de véritables « hommes qui dansent ».

Par la distance qu'il prend, l'homme qui danse accède à une vérité. Il la transmet à travers le personnage qu'il incarne et sait se débarrasser des nombreux artifices qui encombrent trop souvent le jeu. Vérité ou faiblesse, c'est une mince fêlure qui se glisse dans la mécanique rodée du corps en se chargeant d'une intense émotion.

Par cette quête d'une essence pure, le parcours de l'homme qui danse rejoint la finalité de l'art chorégraphique, au même titre que d'autres arts. L'art doit rejoindre la vie et non le contraire.

DÉPASSER LES RÈGLES

Simple transgression ou progressif oubli, la mise à distance du danseur chez l'homme qui danse va de pair avec un dépassement des règles. Ce mouvement relève d'une disponibilité, je serais tentée de dire d'un état de vie. Il ne faut pas penser qu'un soudain effort brise le carcan des règles apprises. Autant dans le contemporain que dans le classique, l'épure se dégage progressivement, car il apparaît que le langage tient sa force et son impact de sa simplicité. Par un enrichissement mutuel, l'homme qui danse étend son savoir à sa vie. Il devient un « homme dont l'état d'esprit est envahi par la danse » et plus seulement un « danseur ».

L'Extase de sainte Thérèse s'impose par l'intensité dramatique mise en œuvre par Le Bernin. Sous le ciseau du sculpteur de génie est née de la masse inerte du marbre un pur sentiment de grâce.
Tel le sculpteur, l'homme qui danse rassemble son énergie pour faire oublier le poids de son corps, laisser parler l'émotion, donner naissance au mouvement vrai.
M.-C. Pietragalla, *Signes*, chor. Carolyn Carlson, Opéra Bastille, 1997.
Bernin, *L'Extase de sainte Thérèse*, 1645-1652. Rome, S. Maria della Vittoria, chapelle Cornaro.

Double page précédente :
Faire vivre le personnage de l'artiste dans *Le Jeune Homme et la Mort* de Roland Petit, où excella Jean Babilée (1946), est une véritable gageure tant le rôle demande au danseur de se surpasser. Nicolas Le Riche se tire à merveille de cet exercice délicat où la force musculaire et la technique s'effacent au profit de l'expression angoissante de la frustration sexuelle et du dépit amoureux.
N. Le Riche, répétition du *Jeune Homme et la Mort*, chor. Roland Petit, Opéra Bastille, 1995.

TRANSCENDER LE CORPS

Dans son entreprise, l'homme qui danse parvient à transcender son corps. À travers ce mouvement transcendant, il accède à une vérité personnelle. La danse met le danseur à nu et révèle son être intime. Car l'interprète a une conscience particulière des mouvements de son corps. Plus qu'une perception anatomique de ses muscles ou de ses articulations, il se crée une représentation mentale associée à l'énergie, la respiration et le relâché. C'est pourquoi l'homme qui danse fait reculer à ce point les limites de son corps, cet instrument rarement utilisé au maximum de ses capacités.

Cette transcendance est ressentie par le public. Peut-être même plus fortement car, spectateur du mouvement, il en perçoit l'intégralité. Il arrive parfois que le corps de l'interprète ne fasse plus qu'un avec la musique, laissant technique et enveloppe charnelle loin derrière, comme ce fut le cas par exemple pour Carolyn Carlson dans un solo intitulé *Vu d'ici*, où elle devint littéralement la tempête. Elle échappait alors à la réalité concrète ; elle entraînait le spectateur dans un monde imaginaire où se déployaient ses mouvements.

Compte tenu de l'engagement physique et de la perte de repères nécessaires, la transcendance s'apparente chez le danseur à une sorte de transe, qui frôle parfois le sublime. Lorsque j'ai eu la chance d'interpréter le *Sacre du printemps* de Nijinski, j'ai pu connaître cette sensation incroyable où mon corps ne m'appartenait plus et où une véritable transe s'emparait de moi. Dans ce ballet, l'implication au moment de la scène du sacrifice est tellement forte, physiquement surtout, que le danseur est obligé de se livrer ; il éprouve véritablement la mort à l'œuvre. Pris dans un étau qui se resserre autour de lui, il n'a d'autre issue que d'exploser en une succession de sauts qui le jettent à terre, avant d'être porté et offert à Dieu. Au-delà des difficultés techniques importantes de ce ballet, dues aux positions en dedans inhabituelles pour un danseur classique, une incroyable énergie est demandée à l'interprète, une énergie du désespoir qui n'étonne personne lorsque l'on connaît le funeste destin de Nijinski. Le don de soi à travers une pièce comme celle-ci est tel qu'il faut du temps au danseur pour reprendre ses esprits, pour « redescendre ».

Le rythme effréné de la musique du *Sacre du printemps*, composée par Stravinski, entraîne les danseurs dans une folie collective. La chorégraphie de Nijinski oblige le danseur à se débarrasser du carcan de la tradition.
Le Martyre de saint Sébastien, chor. Ida Rubinstein, 1911.
M.-C. Pietragalla, *Le Sacre du printemps*, chor. Vaslav Nijinski, Opéra Garnier, 1994.

ACCÉDER À L'ESSENCE DU GESTE, AU-DELÀ DE LA DANSE

L'oubli de la technique, la transcendance, sont pour l'homme qui danse les moyens d'accéder à l'essence du geste, au mouvement premier, animal, archaïque, qui fait écho à ses pulsions les plus enfouies. Pour étayer mon propos par un exemple concret, je reviendrai sur le mouvement arrêté : ce bras qui se tend à la verticale et qui, une fois stabilisé, continue à enfermer la vie, ce mouvement imperceptible qui ne cesse jamais. La sensation de plénitude dépasse la danse et renvoie à l'essence de la vie. Je l'éprouve maintenant dans toutes les extrémités de mon corps.
En se débarrassant du carcan du danseur, l'homme qui danse retrouve une grâce naturelle qui lui permet de s'exprimer avec fluidité. La compréhension et l'adhésion sont instantanées. L'être humain dévoilé. Même

L'accomplissement du destin du danseur prend parfois le sens d'un cheminement mystique : « Je suis une danseuse. Je crois que nous apprenons par expérience. Qu'il s'agisse d'apprendre à danser en pratiquant la danse, ou d'apprendre à vivre en pratiquant la vie, les principes sont les mêmes. Dans chacun des cas, il s'agit d'un ensemble d'actes précis et orientés, physique ou intellectuel, d'où émerge une forme d'achèvement, un sentiment de l'être, et une satisfaction de l'esprit. On devient alors d'une certaine façon un athlète de Dieu. » (Martha Graham, 1979.)
Devakanyakas dansant, art khmer, XIIIe siècle. Paris, musée Guimet.

Il y a dans la vie quotidienne des moments de plaisir furtif provoqués par la perception inconsciente d'un bruit, d'une odeur, d'un mouvement. La danse magnifie ces impressions confuses saisies à la dérobée.

s'il est étonnant de chercher dans la simplicité et l'archaïsme du geste l'un des buts fondamentaux du danseur, l'enjeu de la danse est pourtant là : chercher à exhumer ce geste dans sa beauté naturelle tout en le magnifiant.

L'homme qui danse n'est pas le seul à accéder à l'essence du mouvement. Certains peuvent trouver cette grâce du geste au hasard de la vie quotidienne. Pour ma part, je suis toujours attentive aux mouvements de mes interlocuteurs hors de la scène. J'observe leur façon de se tenir, de se mouvoir, de se regarder. C'est une leçon étonnante dont j'essaie ensuite de tirer parti dans mes chorégraphies. La retranscription de ces mouvements sur scène, même si

La précision du geste du comédien renvoie aux exigences de l'homme qui danse. Plus le geste est simple, plus l'impact est fort, plus le langage est humain. Philippe Caubère, *1789*, d'Ariane Mnouchkine, Théâtre du Soleil, Cartoucherie de Vincennes, 1973.

« *N*os pas nous sont si faciles et si familiers qu'ils n'ont jamais l'honneur d'être considérés en eux-mêmes, et en tant que des actes étrangers [...] Ils mènent donc comme ils le savent, nous qui les ignorons naïvement ; et suivant le terrain, le but, l'humeur, l'état de l'homme, ou même l'éclairement de la route, ils sont ce qu'ils sont : nous les perdons sans y penser. [...] Comme le sol ici est en quelque sorte absolu, étant dégagé soigneusement de toutes causes d'arythmie et d'incertitude, cette marche monumentale qui n'a qu'elle-même pour but, et dont toutes les impuretés variables ont disparu, devient un modèle universel. »

Paul Valéry, *L'Âme et la Danse*.

M.-C. Pietragalla, *Don't Look Back*, chor. Carolyn Carlson, Opéra Garnier, 1994.

elle est complexe, me semble essentielle car il faut conserver une proximité avec la réalité pour toucher un public large. Être clair et simple, éviter l'emphase et les parasites, telles sont les clés d'un message perceptible et capable de transporter.

On trouve cette quête du geste essentiel dans d'autres arts, je pense notamment aux comédiens : Philippe Caubère, par son travail sur le texte aussi bien que sur le corps, parvient à travers le théâtre à l'absolu que je m'efforce d'atteindre par la danse. L'économie et la précision de ses gestes, leur sens incisif, touchent le public.

Se fondre dans l'esprit de la danse

Seule une profonde connaissance de lui-même permet au danseur d'accéder au statut de l'homme qui danse. Il y a un moment dans sa vie où cette figure s'impose, quand il éprouve le besoin de transgresser les règles, d'exiger plus de la danse, de découvrir en lui une vérité personnelle, indicible, avec laquelle il souhaite toucher les autres. J'insiste sur ce point : il ne s'agit pas d'une vérité qui vaudrait pour tous mais d'une découverte intime, propre à chacun, qui trouve un écho dans les autres.

Dans mon cas, cette expérience fut aidée par mes rencontres. Elles ont favorisé ma réflexion et mon travail vers une meilleure connaissance de moi-même. Car l'enseignement de l'Opéra de Paris, aussi riche soit-il, conditionne les attitudes et les modes de pensée. Ce qui peut être difficile lorsqu'on est un peu marginale ou atypique. Les rencontres avec Carolyn Carlson, que j'ai souvent évoquées ici, et plus tard avec Mats Ek, ont été déterminantes car elles m'ont permis de me débarrasser du carcan classique, auquel je dois néanmoins d'avoir acquis un certain niveau technique. Avec Carolyn Carlson, et surtout le solo qu'elle a écrit pour moi, j'ai pris un recul considérable sur mon métier, et me suis retrouvée sur scène dans une confrontation avec moi-même que je n'avais pas vécue jusque-là.

Mise en danger et mise à nu

Cet accord avec soi-même n'est pas donné à tous car il implique un dépouillement, une mise à nu, qui inquiètent. En prenant du recul par rapport à son rôle, à sa position de danseur, l'homme qui danse s'expose davantage, y compris et surtout dans ses failles, dans ce qu'il a de plus vulnérable, mais aussi de plus humain. Se réfugier derrière une technique, aussi parfaite soit elle, est toujours plus confortable que se dévoiler.

Les danseurs qui pour moi ont affronté ce danger, en passant dans un autre univers, sont Marcia Haydée ou Jorge Donn. Avec ce dernier, on se trouvait à l'évidence devant un homme qui danse et non pas devant un danseur. À la question « Qu'est-ce que la danse pour vous ? », Jorge Donn avait l'habitude de répondre : « C'est tout, c'est ma vie. » Sa réponse simple traduit la sincérité de cet interprète d'exception qui savait mettre sa sensibilité, sa beauté et son talent au service du mouvement.

Homme qui danse, Donn ne craignait pas d'afficher sa vulnérabilité, pour nous toucher plus encore.

« Le danseur est le plus nu
des hommes et le plus blanc
d'entre les danseurs d'Albe.
Il est totalement abstrait,
sans existence et sans secours.
Son corps toujours crie au secours.
La danse est un cri au secours qui
jamais ne se marque.
Les autres ont de l'or, ils ont une
langue, ils ont un son, à l'extérieur
du corps, quelque chose où
s'appuie leur corps, aussi ténue
que soit la chose, immatérielle
même. Ils ont une mémoire écrite
en un lieu donné. Le danseur
n'a rien, il n'est rien.
Il est premier, il est dernier. »
Michel Serres, *Genèse*, 1982.

J. Donn, *Nijinski, clown de Dieu*,
chor. Maurice Béjart,
Forest National à Bruxelles, 1971.

CRÉDITS PHOTOGRAPHIQUES

AKG 18, 40, 71, 72, 116, 117, 136, 137, 140 / British Library 64.
C. Alexandre 19.
Bridgeman Art Library 10, 11, 14, 23, 25, 26-27, 30, 37, 62, 68, 124, 169, 175, 180.
Dagli Orti 9, 12, 21, 59, 76, 90, 108-109, 128, 192.
DIAF / IFA 29.
P. Elliott-Bourasseau 58, 75, 81, 85, 149, 172, 181, 187, 188, 191, 196.
Enguerand / Courrault 34 / A. Darnis 79 / B. Enguerand 164-165 / M. Enguerand 54, 60, 77, 113, 153, 154, 156 / C. Masson 13, 55, 82, 87, 126-127, 134-135, 150, 157, 199 / A. Pacciani-C. Masson 28, 51, 53, 63, 84g, 95, 143, 183 / C. Robin 158 / T. Vales 33, 83, 84d, 159, 161.
Gamma / Rossi 32.
Giraudon 127 / Alinari 118, 121, 132, 171.
Christophe L. 185
M. Lidvac 107.
Magnum 86, 144-145 / E. Arnold 16, 48, 65 / I. Berry 8 / C. Capa 47 / E. Elliott 15 / M. Franck 195 / Halsman 112 / D. Hurn 92 / G. Le Querrec 42 / E. Lessing 43, 56, 69, 91, 103, 122, 178, 189 / F. Mayer 57 / G. Pinkhassov 22, 104, 176-177 / F. Scianna 67 / D. Stock 100 / J. Vink 46.
Metis / T. Cuisset 193 / M.-P. Nègre 39.
Moatti / Kleinefenn 146.
L. Philippe 52, 78, 80, 97, 98, 139, 162, 166, 168.
RMN 89 / J.-G. Berizzi 6, 38 / G. Blot 17 / K. Ignatiadis 96 / T. Ollivier 7.
Roger-Viollet 125 / Harlingue 110.
D. R. 45, 123, 131, 173g, 173d, 184, 190.

Photogravure : Ex Fabrica / Sele Offset
Achevé d'imprimer et relié en octobre 1999
par Pollina s.a., 85400 Luçon.
N° d'édition : FC 5608-01
N° d'impression : 78769
Imprimé en France